Laboratoire Hypnose
Volume 1

Christophe Pank

ISBN #: 978-1500822217

« Il n'y a point de vérité que des chemins qui nous y mènent »

Sommaire

Avant Propos :

Le Laboratoire Hypnose est le lieu de mes réflexions, de mes pensées, sur différents aspects des thérapies comme des thérapeutes.

J'aime rencontrer, étudier, apprendre et me questionner sur ce que je vois. Je ne crois que rarement ce que l'on me dit sur une discipline.

Il y a en moi une volonté de m'approprier le système quitte à le transformer pour qu'il me convienne, ou le remettre complètement en question pour réussir à mieux l'intégrer.

J'ai un caractère plutôt entier ce qui fait que je rentre souvent en opposition avec de nombreux dogmes enseignés dans le milieu des disciplines complémentaires.

Je n'ai pas plus la vérité qu'un autre, j'aime simplement m'offrir cette liberté d'être et de penser, ne prenant pour vrai que mes retours d'expériences.

Dans ce livre, je reprends un certain nombre de papiers que j'ai proposés sur le net, sur des forums, sur mes blogs.

J'aime le papier, j'aime les livres, j'aime sentir qu'il y a une histoire, un passé.

Voici donc quelques réflexions d'un praticien qui prend sa profession comme une passion.

Prenez plaisir à ces différents articles. Et si parfois je peux vous offusquer dans mes propos, je m'en excuse, je partage juste un diaporama de quelques instants de pensées.

Prenez soin de vous.

Le Chesnay, Septembre 2013.

Pank

REFLEXIONS SUR LES FONDEMENTS DE L'HYPNOSE

UNE AUTRE DEFINITION DE l'HYPNOSE

Je vous propose une réflexion sur la définition de l'Hypnose.

Pour reprendre ma réflexion sur les Transes Mères/ Piliers/ Obscures, il est possible que nous passions notre vie dans une succession de Transes. Nos émotions, nos souvenirs, nos fonctionnements automatiques sont autant de marques de passages dans notre subconscient.

En ce cas, sommes-nous vraiment dans le conscient ? Vous lisez ce papier et vous allez connecter les informations à ce que vous connaissez, le comparer, parfois même des émotions peuvent remonter, êtes-vous donc uniquement conscient ?

Nous parvenons à être conscients cependant nos cheminements, intellectuels structurés et logiques, sont basés sur des mémoires d'études et réflexions passées complètement intégrées en nous. La mémoire à long terme ne se trouve-t-elle pas dans le subconscient ?

Nous sommes parfois étonnés des conclusions ou de la façon dont nous menons nos démonstrations, comme si tout devenait fluide, comme si nous trouvions nos réponses en exposant. Ne sommes-nous pas dans une forme de transe, celle où tout est plus fluide, celle dans laquelle nous sommes en phase avec cette voix intérieure ?

Est-ce que dans nos dialogues conscients, les mots, les gestes, les attitudes, ne nous 'imposent' pas des retours émotionnels ou des souvenirs, parce qu'il y a un ancrage dessus ? Arrivons-nous, pendant une discussion sur la religion ou la politique à rester 'rationnels', conscients ? Ne sommes-nous pas simplement une expression de ce que notre subconscient nous 'impose' ?

Depuis que j'étudie l'hypnose, je suis dans la logique suivante :
Conscient -> Facteur Critique ->Subconscient -> Inconscient

Si je continue ma démarche, je me demande si nous sommes vraiment 'conscients'. Prenez ce papier, je l'écris avec ce désir conscient de partager une réflexion et pourtant, je sens mon corps comme stimulé, comme dissocié entre les mots qui s'inscrivent sur mon PC, les réflexions et l'émotion de joie, d'envie. Suis-je alors si conscient ? Et les mots que j'écris me viennent spontanément, je ne 'réfléchis' pas plus que cela, je laisse s'inscrire cette succession de mots, mais alors est-ce mon cogitum ou mon subconscient ?

Les seuls blancs qui me viennent sont, dans ce cas, **des ruptures de patterns**, qui paradoxalement me font sortir de cette transe, me bloquant un instant, pour **re-conscientiser** ce que je dis. En ce cas, est-ce que ce n'est pas une rupture de la démarche subconsciente pour passer sur du conscient ?

Passant de transes en transes, développant nos émotions en écoutant de la musique, en lisant, en avançant sans même nous en rendre compte, ne sommes-nous pas, **la majeure partie du temps, en Transe.**

D'ailleurs quand on y pense on dit souvent de faire taire le conscient pour arrêter les pensées qui passent dans notre être, pourtant notre conscient, qui devrait être à notre service, se laisse submerger par le subconscient, et paradoxalement en reprenant conscience des pensées, pour les laisser passer, nous avons un moyen de les effacer…

Ne mettons-nous pas une démarche erronée dans notre vision de l'hypnose ?

A souhaiter aller en contact avec notre subconscient, alors que **c'est lui qui régit nos vies**, et que les rares fois pendant lesquelles nous nous imposons un moment de pensées, de réflexions, pour nous orienter dans la vie, pour répondre à des problématiques, ne reprenons-nous pas conscience, loin de nos émotions parasites et autres peurs régissent notre vie ?

Est-ce que l'hypnose pourrait être :

Subconscient ->Facteur Critique -> Conscient -> Inconscient.

La 'prise de conscience' élevant l'être, parce que conscient de l'instant, de l'être, ne laissant plus ce qui intervient sans y être invité, prendre le rôle principal de notre vie...

HYPNOSE ELMANIENNE ET HYPNOSE ERICKSONIENNE

Lors d'un précédent papier, un hypnothérapeute a fait une remarque intéressante, en demandant ce que c'est qu'être Elmanien.

Est-ce que suivre la vision de l'hypnose de Dave Elman nécessite uniquement de connaître son induction ?

Il est passionnant de voir les courants d'une discipline. La mouvance de Milton Erickson a été largement développée aux USA et encore davantage dans l'hexagone. Ce dernier est considéré comme le père de l'hypnose moderne.

Ce grand homme était psychiatre et donc issu du domaine médical. Il a proposé une hypnose permissive, permettant de pratiquer sa discipline alors sous 'une interdiction'. Il a développé une hypnose conversationnelle mettant de côté les inductions plus classiques, impliquant davantage de toucher.

Elman lui était un homme de scène et de radio, il avait donc une hypnose bien plus directe. L'importance pour lui était de **contourner le facteur critique** et de mettre son partenaire dans une 'profondeur' de transe permettant une réceptivité accrue.

Prenons la définition de l'hypnose par ces deux grands hommes.

Pour Erickson : Un état de conscience dans lequel vous présentez à votre sujet une communication, avec une compréhension et des idées, pour lui permettre d'utiliser cette compréhension et ces idées à l'intérieur de son propre répertoire d'apprentissages.

Pour Elman : c'est un contournement du facteur critique pour mettre en lien le conscient et le subconscient.

La première grande différence entre les deux visions de cette discipline est la notion de facteur critique mise en avant dans le système Elman.

Dans ce courant, il est nécessaires de contourner, non pas le conscient, mais **la barrière qui 'sépare' et surtout protège le subconscient** des différentes influences extérieures.

Pour Elman le facteur critique ne se développe qu'**à partir de six ans.** Avant nous sommes dans un état de transe constant, ne permettant aucunement de différencier les informations. Nous assimilons tout ce qui est proposé comme vrai.

La première chose à faire est donc de contourner ce barrage. Pour ce faire il y a différents processus simples :

- Les inductions
- Les focus internes (souvenirs/ sensations/ émotion/ prise de conscience du corps)
- L'imagination (par essence l'imaginaire n'oppose aucune résistance)
- Les interruptions de pattern…

Jerry Kein, l'élève de Elman qui a réhabilité cette méthode dans les années 70, explique que pour lui il n'y a pas à être permissif. Il estime que **le patient doit faire sa part du travail.**

En cela également, la tendance Elmanienne se différencie de la méthode Ericksonienne.

Beaucoup de patients en hypnose conversationnelle ou métaphorique me disent qu'ils n'ont rien fait d'autre qu'écouter une histoire, certains se sont assoupis et ne comprennent pas en quoi ils étaient en transe.

Nous savons qu'ils l'étaient, seulement eux peuvent 'saboter' ce travail par la simple croyance que c'est qu'une discussion ou une histoire sur un divan.

Pour Elman et Kein il y a deux choses marquantes :

- Les patients/clients doivent accepter les suggestions comme étant justes et bonnes pour eux et accepter qu'elles vont fonctionner pour eux. C'est le travail du patient. Dans cette école, nous estimons que nous faisons cinquante pour cent du travail en tant que thérapeute et eux feront les cinquante autres.

- Nous faisons prendre conscience de l'État de transe. Ce point est extrêmement important, le client doit savoir que ça fonctionne. Que ce soit en pré-test ou simplement dans la fermeture des yeux en ce qui concerne l'induction Elman.

La preuve, est un point essentiel de l'assimilation dans cette école. D'ailleurs en parlant avec Daniel, il me disait que Erickson le faisait parfois en fin de séance.

La méthode conversationnelle a cela de superbe, c'est de **mettre en transe sans la prise de conscience de cette dernière**... Pour nous c'est une excellente chose pour du business dans lequel nous devons faire du 'covert' mais c'est moins bien en thérapeutique.

Les inductions font aussi une grande différence entre les deux écoles.

Dans l'hypnose Elmanienne, nous considérons que notre partenaire doit **être induit le plus rapidement possible**. Une séance est limitée dans le temps, il est donc positif d'aller à l'essentiel.

Nous utilisons facilement les 'instants ' ou les 'rapides', en somme en moins de 5 minutes notre partenaire doit être à un niveau moyen ou profond de sa transe.

Puis nous travaillons les approfondissements pour a**ller au niveau somnambulique.** Le niveau qui selon Elman est celui qui permettra une véritable programmation positive du partenaire.

Il est reconnu que les inductions en Ericksonien durent entre 10 et 20 minutes. Et la transe légère, celle du conversationnel, suffit pour la séance.

Je continuerai à vous présenter cette tendance qui est la mienne au travers de différents articles si cela vous intéresse.

Je pense sincèrement que l'hypnose Elmanienne a de grandes choses à apporter dans l'hexagone. A l'heure où je lis que des praticiens souhaitent 'réhabiliter' l'hypnose classique, il pourrait être intéressant de remettre en avant cette méthode.

Elle a été prouvée et éprouvée depuis des années. Elle n'est ni mieux ni moins bonne que l'hypnose Ericksonienne, elle présente l'avantage d'être plus directe et plus responsabilisante.

HYPNOSE ELMANIENNE

Dans le premier article, je vous ai proposé une première approche de ce que Dave Elman a mis en place dans le monde de l'Hypnose.

Il est vrai, pour reprendre les commentaires des pratiquants, nous sommes tous capables et même orientés à utiliser l'ensemble des méthodes qui ont été mises en place par les générations précédentes. Nous sommes la nouvelle ère de praticiens, ouverts sur les différentes tendances et les différentes méthodes.

L'objectif de ces articles est de proposer d'autres méthodes dans l'histoire de l'Hypnose. En France, de très nombreux praticiens n'ont jamais entendu parler de Elman ou de Kappas. Je trouve intéressant de présenter des facettes différentes de ce monde aux mille couleurs.

Certains praticiens soulignent que Elman n'avait rien construit de spécifique à part son induction, Gerald Kein, élève direct de ce grand monsieur, explique de nombreuses facettes de ce style.

Elman a bien mis en place une Hypnothérapie directe et ce, en reprenant certains aspects de l'hypnose de scène.

Il est possible que cela fasse grincer les dents de certains 'thérapeutes' habitués à la logique Ericksonienne.

1- Prétalk

Cette phase de la séance a pour but de :
- Présenter l'hypnose
- Répondre à toutes les interrogations et peurs du client
- Présenter les différentes manières de prendre les suggestions
- Rassurer

- Faire un deal avec le client en lui indiquant qu'il fera 50% du travail, qu'il est responsable du succès de sa thérapie.

2- Tests

Les tests sont utilisés pour deux raisons, le convaincre et découvrir son niveau de suggestibilité au moment de la séance.
Ce sont les tests que l'on retrouve en scène, ou en street hypnose.

3- Induction

Elman a mis en place sa propre façon de faire, Kein, lui, utilise assez facilement les instants avec les patients.

4- Les Approfondissements

Cette facette de l'hypnose Elmanienne est très souvent remise en question. La profondeur existe-t-elle réellement ? Pour Elman, il y des niveaux divers, je vous propose un petit tableau comparatif des différentes 'écoles' que j'étudie :

Niveaux par Jerry Kein	Niveaux par la NGH	Niveaux par John Kappas
Léger	Catalepsie Mineur	Hypnoïdal
Moyen	Catalepsie Musculaire	Groupe Cataleptique
Profond	Amnésie	Somnambulique
Somnambulisme	Anesthésie	Niveau 1
Esdale (Coma Hypnotique)	Hallucination positive	Niveau 2
	Hallucination Négative	Niveau 3

Voici les éléments qui peuvent vous aider à reconnaître là où se trouve votre partenaire :

Niveaux par John Kappas	Observation
Hypnoïdal	Les yeux ont des REM
Cataleptique	Les Yeux vont rapidement de gauche à droite sous les paupières.
Somnambulique	Les yeux ont tendance à remonter sous les paupières
Les Niveaux somnambuliques	Ils sont déterminés par la proportion d'oubli de la séance.

Niveaux par la NGH	Observation
Cataleptique Mineur	Les yeux restent focus et presque immobiles
Cataleptique Majeur	Un groupe musculaire peut facilement rester dans un mouvement qu'on lui propose
Amnésie	En général ça commence par l'oubli momentané d'un chiffre
Anesthésie	La douleur diminue ou est inexistante en testant
Hallucination	Capable de voir des choses qui n'existent pas et inversement.

Pour Elman/Kein, et même John Kappas, le niveau pour 'travailler' avec son partenaire est le niveau somnambulique. Je suis d'accord avec eux, seulement cela fait partie du deal de départ. Vous faites 50% du travail, et se lâcher dans sa transe fait partie de l'accord.

Pour Kein, la seule chose qui retient une personne de partir en transe somnambulique c'est la peur. **S'il y a peur c'est que nous n'avons pas correctement fait notre travail.** Cet aspect peut parfois être dérangeant. Rassurez-vous, si votre sujet ne va pas en somnambulique il est tout de même en transe, donc en état d'hypersuggestibilité.

5- Les suggestions

Dans ce système, les **suggestions sont directes**. Avec constamment un accord du partenaire. Je reprends quelques suggestions d'une séance de Kein pour une perte de poids.
« Vous allez désormais, à chaque repas, fermer les yeux un instant et vous dire 'la moitié' ».

Imaginez-vous devant votre plat préféré, imaginez que vous fermez vos yeux et que vous vous dites 'la moitié'
'Comment vous sentez-vous ? Qui contrôle ? vous ou la nourriture ? (Attente de réponse du patient)
C'est ça, c'est VOUS la patronne, c'est vous qui décidez d'être fière de vous '

Kein propose et fait constamment confirmer et répéter à sa cliente. Tout est direct, tout doit être confirmé.
Bien sur il y a des notions métaphoriques, mais rarement dans l'idée de trouver une 'réponse symbolique', tout est beaucoup plus orienté.

Souvent on m'a dit que j'étais trop directif quand on regarde mes séances ou des cabinets ouverts, pourtant les clients qui viennent dans mon cabinet attendent des chemins, des voies. Comme nous le savons tous, à n'importe quel moment nous pouvons refuser la suggestion, dans ce cas je travaille avec les éléments que vit le client dans sa transe.

6- L'emerge

'est le retour de notre patient dans le monde plus 'conscient'

7- Le Post Hypnotique

Cette phase permet de continuer à donner des suggestions et à recommencer un phénomène hypnotique pour confirmer la séance.

Un des points vraiment forts de la méthode d'Elman concerne incontestablement les problèmes physiques et les douleurs en particulier.

Il aidait les médecins et dentistes dans l'utilisation de l'Hypnose pour anesthésier leurs patients lors de diverses interventions.

Comme en spectacle ou dans la rue, il est extraordinaire de pouvoir anesthésier en moins de cinq minutes une personne dans la douleur. Là encore, tout est très direct.

Si vous avez des questions sur cette tendance Elmanienne, n'hésitez pas à les poser, je ferai au mieux pour vous faire un article clair.

LA RÉALITÉ DU MONDE ET NOS HALLUCINATIONS

En ce moment je travaille sur les notions de 'centrage' et la vie étant bien faite, j'ai eu le temps de prendre un verre avec Frédéric Vincent, instructeur à l'ARCHE et thérapeute, qui fait une grosse recherche dans cette direction.

Depuis quelques temps je me questionnais sur la validité, dans ma carte de croyances, de l'existence d'un monde 'extérieur'. Je reprends certains aspects des anciens, qui expriment que nous n'avons du monde que la perception de notre monde intérieur. M-Line rebondissait sur l'allégorie de la caverne.

Effectivement, je me suis mis dans une dynamique simple, 'regarde en toi, écoute ton être et tu y verras le monde, en complément le monde ne reflétera que ce qui se joue en toi'.

En exposant la théorie suivante, j'ai constaté que les mots qui décrivaient ce processus étaient : 'égoïsme, egocentré'. J'accepte pleinement ces remarques.

Le monde extérieur n'a pas de sens, les autres ne sont que les extensions des différentes transes que nous émettons à notre être. Même si la 'vie' nous apportait tout ce que nous rêvons pendant une journée, mais que nous n'étions pas alignés ou centrés (je nomme cela 'être dans le temps', Fred lui ne propose que 'centré', nous sommes dans un état qui ne subit ni temps ni espace, ce qui est complètement vrai, à mes yeux.), nous ne pourrions pas vivre les cadeaux de la vie.

Nous connaissons tous cette sensation que 'ça va être une sale journée'. Par logique d'attraction c'est-à-dire cette force qui attire à nous ce que nous vivons en nous, notre journée nous apportera soucis et ennuis. À moins que vous ayez appris à revenir sur des zones ressources ou à vous centrer. En somme, sortir de la transe 'bad day' et construire une transe 'good day', ou à un niveau plus avancé, vivre l'instant aligné, dans l'accueil sans les émotions factices.

Mes expériences vont donc être filtrées par mes émotions, par ma vie interne. La théorie de l'attraction répondant alors à une intention, pensée ou énergie, obtient le retour en résonance. Le monde extérieur devenant une vaste réponse à ce que nous sommes en nous.

En allant plus loin et en reprenant un phénomène hypnotique connu de nous tous, les hallucinations, nous apprenons à vivre ce monde extérieur avec des 'censures'. Nous 'floutons' les images, les mots, les sensations, les odeurs et les goûts.

Nous avons tous passé de longues minutes à rechercher un objet qui comme par magie, se trouvait au point de départ de notre quête. Comme si le dit objet avait fait son apparition par une force divine. Seulement, l'objet n'a jamais bougé, seul notre esprit, notre transe de l'instant nous empêchait de le percevoir. C'est d'ailleurs pour cette raison que la sagesse populaire conseille de respirer, de nous détendre et de reprendre quelques minutes plus tard la recherche. Nous interrompons le pattern hypnotique d'hallucination.

Ce qui signifie que lors d'un échange, d'un dialogue, d'une réception d'informations, nous n'allons entendre, voir et vivre que ce que nous sommes capables de 'conscientiser'. L'échange proposé à notre être interne de nombreuses pistes que nous ne sommes pas capables de 'capter' et les autres sont assimilées à ce que nous avons en nous. Le partenaire extérieur n'activant que ce que nous sommes en nous, une nouvelle fois il n'est qu'une extension.

À cela on me rétorque que l'autre nous apporte tout de même sa vision du monde, ses idées et ses arguments et donc qu'il a cet impact dans notre vie. Je l'entends bien, seulement si je filtre ses infos par une transe hallucinatoire, y a-t-il vraiment un échange, je ne suis prêt à accepter et changer que ce que je peux entendre... D'ailleurs combien de fois vous a-t-on fait changer d'avis ? Sur une conviction ou une croyance ? Des bribes, des informations, vont être captées, certaines vont être ré-analysées et intégrées, devenant 'réelles' mais pour cela il faut un temps... Celui de sortir de son hallucination.

Les anciens appelaient cela le niveau de conscience. Pour eux, tu ne vis et perçois que ce que tu es 'capable' de vivre et percevoir. Les amis musulmans eux parlent de voiles.

Le monde extérieur n'existe pas, ou de façon tellement tronquée que nous pouvons comprendre l'isolement d'un Sakya, d'un Jésus et par extension des religieux ou spiritualistes. Nous travaillons à nous retrouver, à devenir le monde, dans des émotions positives au départ, puis dans la non émotion, la non forme de l'être, pour accueillir dans l'entièreté sans activation d'ancrages donc de transes, voire d'hallucinations, les autres et la 'vie'.

Le travail sur son centre, ou peut être 'ses centres', est un chemin d'alignement de soi, par extension vers les autres. En somme on reprend le Tao : dans l'infiniment petit se trouve l'infiniment grand.
Ce papier comme tous mes écrits, ne sont que des réflexions, ni justes, ni fausses. Elles sont filtrées par mes croyances, mes peurs, mes faiblesses. Elles ne proposent que ce que mes 'transes' et mes 'illusions' me permettent de 'conscientiser'.

Je serais une fois de plus heureux d'échanger avec vous, sur le net ou plus sympathiquement autour d'un verre.

RÉFLEXION SUR L'EFT COMME ÉTANT DE L'HYPNOSE

Je vous indique un article que j'ai partagé l'an passé suite à mon stage avec Dawson Church en Mai 2012.

Je souhaiterais partager ma perception vis-à-vis d'un système qui aujourd'hui fait de plus en plus parler de lui : L'Emotional Freedom Technique.

Pour moi l'EFT n'est qu'une forme d'hypnose et j'écris ce papier dans un but d'échanger nos réflexions.

1) LA CROYANCE et la force de SUBSTITUTION :

Le service marketing de l'EFT a très bien vendu son produit. Pour donner un poids important au système, il se réfère aux Méridiens et aux points d'acupuncture.

C'est une belle méthode de SUBSTITUTION, mettre le poids de la grandiose médecine millénaire dans la balance d'un outil pour le bien être, on ne peut pas faire mieux.

C'est comme si j'utilisais des paroles de Milton Erickson ou de Dave Elman, pour expliquer le bien fondé de l'Hypnose. Qui irait les remettre en question ?

Pour la CROYANCE, on utilise le mot ENERGETIQUE. Sublime connexion avec le mystique et le possible. Entre les rebouteux, les chamanes, les maîtres des Indes et leurs Chakras.
Qu'on le veuille ou non dans les thérapies alternatives, le mouvement New Age, avec ses mixages de croyances, nous a bien été ancré.

Vous me direz peut être que j'ai tout faux. Que la Croyance n'a rien à voir. Vous connaissez des personnes qui n'y croyaient pas et sur qui cela a fonctionné.

A quoi je vous répondrais, une personne qui monte sur scène en Spectacle d'Hypnose accepte, de ce fait, qu'il peut se passer quelque chose. Il ouvre donc son subconscient à ses possibilités.

Si je vous propose un médicament merveilleux mais que vos croyances vis-à-vis des pilules sont négatives, le prendriez-vous ?

Certainement pas.

C'est la même chose avec l'acceptation d'un système, une partie de nous même souhaite (et donc stimule) un mieux être.
Avant d'aller plus dans le détail de ma réflexion, parlons un peu du Tapping.

Savez-vous dans quelle discipline, sauf EFT et affiliées, nous trouvons le principe de TAPPING ?
A ma connaissance : AUCUNE.

J'ai eu la chance de faire beaucoup d'énergétique et de massages. J'ai vu des pressions, des touchers, des palpages, des roulages, des vibrations, des pincements... des techniques liées aux systèmes Indiens et Chinois.

Je n'ai jamais vu aucun tapping comme il en existe en EFT. Si vous avez une explication de son origine et de ses vertus avant Callahan je suis preneur.

2) LES DIFFERENTES ETAPES :

D'après le Mini Manuel de l'EFT chapitre « La recette de base de l'EFT » par Gary Craig.

A) Échelle D'INTENSITE

La recherche d'intensité en Hypnose est un outil que l'on nomme FOCUS INTERNE.

Cela permet au client d'entrer à l'intérieur de lui et donc de créer une dissociation avec le conscient analytique.
Il peut y avoir au départ un « Je ne sais pas », cela nous indique que le conscient n'a pas de réponse toute faite. La réponse doit être cherchée donc cela modifie l'Etat de Conscience du client.

B) REPETER 3 FOIS

Le cerveau, pour ne pas saturer, admet qu'une information répétée 3 fois de suite (au minimum), devient une HABITUDE.
L'HABITUDE permet de contourner le Facteur Critique et de pénétrer dans le Subconscient.
Dans le cas du Set Up nous répétons 3 fois l'Affirmation pour en faire une SUGGESTION HABITUELLE.

C) L'AFFIRMATION

L'AFFIRMATION est un PARADOXE; Il est directement confusionnant pour le client.
La CONFUSION est un élément entraînant deux choses :
la SATURATION du conscient et de son facteur critique entraînant une TRANSE.

L'APPROFONDISSEMENT

Prenons l'exemple d'une personne Obèse. Elle n'acceptera JAMAIS d'être Obèse. Le fait que la figure d'autorité (le praticien) lui impose (ou propose) une affirmation comme celle-ci, va automatiquement créer une CONFUSION.

De cette CONFUSION et par le principe de base de l'humain qui est ENGAGEMENT et COHERENCE (cf. Cialdini), il va accepter la SUGGESTION sans pouvoir l'analyser. Ce qui induit un état de Transe.

D) Le Point KARATE

Cette étape que nous utilisons pour éviter les INVERSIONS PSYCHOLOGIQUES reprend un principe essentiel pour le RAPPORT, praticien et client.

Le PACE and LEAD, nous lui proposons un geste qu'il exécute, il est également dans une dynamique de YES SET, l'autorité du LIVRE ou du PRATICIEN, lui ayant fait accepter de :

Noter son mal (1 oui)

Accepter une Affirmation Paradoxale (2e Oui)

Taper le point Karaté (3e Oui).

Vous remarquez que l'on retrouve les 3 fois.
Vous observerez même que la personne est en catalepsie de bras quand il tapote en Karaté. (Soit un Niveau 2 de Transe par les Critères NGH)

Je résume :

FOCUS INTERNE on ouvre donc la voie au contournement de facteur critique.

On construit un Schéma pour en faire une HABITUDE. La SUGGESTION est un paradoxe ce qui confusionne le client. On lui fait suivre un Geste en même temps que NOUS = Pace and Lead.

Cela facilite la SYNCHRONISATION, le TAPPING est le moyen de faire suivre le client à notre rythme.

Le fait que le client suive le protocole et soit ACTIF dans sa démarche de guérison, via le TAPPING, permet la responsabilisation du client.

Cela revient à l'approche ELMANIENNE de ne faire un travail avec son client que s'il est prêt à faire 50% du travail.

Cela représente l'ACCEPTATION de son SUBCONSCIENT, le facteur critique ayant été contourné.

E) Le TAPPING :

Le TAPPING apporte deux leviers Hypnotiques :

1)   L'APPROFONDISSEMENT

Nous avons vu que les étapes précédentes représentaient une forme d'INDUCTION.

Saviez-vous que le point entre les sourcils (certes un peu décalé de celui de l'EFT, mais je ne m'en fais pas, il y a un système de résonance dans le corps) était très utilisé en Hypnose de scène pour APPROFONDIR les sujets (Ref Ormond MacGill).

Vous remarquerez que c'est le PREMIER tapping que l'on fait.

2) L'ANCRAGE

Le TAPPING permet d'ANCRER plusieurs choses :

La SUGGESTION

L'ETAT de TRANSE

LE RAPPEL

C'est également un excellent outil pour gérer les ABREACTIONS. Cela permet simplement de DISSOCIER, en se centrant sur le TAPPING.

F) Le Fonctionnement

L'intérêt de la phrase de rappel est de se connecter à son émotion. La DISSOCIATION qui est effectuée pendant le TAPPING permet de COUPER les LIENS (Technique de DEUIL en Hypnose), avec la source émotionnelle.

La SUGGESTION, qui en plus est paradoxale, va entraîner une déformation du Schéma Pensées/Émotions, jusqu'au refus de faire vivre ce schéma.

En TRANSE, cela permet une RUPTURE DE SCHEMA faite par le SUBCONSCIENT du CLIENT.

Je prends la méthode courte, comme dit Craig, elle fonctionne quasiment pour tous.

G) Test de RESULTAT :

A cette partie de la SESSION, nous entrons dans du POST HYPNOTIQUE.

Il est facile de SUGGERER un mieux ÊTRE à la PERSONNE. Ce qui va en plus être ancré par le Tapping qui suivra soit :
Réajustement
Travail à la maison.

H) AJUSTEMENT

C'est un excellent moyen de DEVELOPPER l'ANCRAGE de succès (Diminution).

En Post Hypnotique, le client est toujours dans un fort état de suggestibilité.

A partir de là si les indications sont bien données avec une SEMANTIQUE adaptée, le client a un moyen de retourner en AUTO HYPNOSE, par son TAPPING.

I) PROBLEME DE FOND

Un client en TRANSE va très souvent nous diriger vers son Problème de Fond. La raison est simple.

Une fois la porte au Subconscient ouverte et un réel dialogue entre Conscient-Subconscient-Opérateur en place, le subconscient, souvent étouffé, prend SA PLACE dans le dialogue et OFFRE l'information juste.

J) SOYEZ PRECIS

Plus LA SEMANTIQUE est précise et plus le Subconscient fait la SUGGESTION qu'il démultiplie.

H) L'EFFET de GENERALISATION

C'est un principe Hypnotique de base, si l'on travail sur la perception d'un événement, même s'il n'est pas l'initiateur, automatiquement le subconscient a une « REPONSE » à proposer au traumatisme, même plus ancien.
C'est un travail de RESSOURCE.

I) TECHNIQUE DU FILM

C'est l'équivalent d'une technique de PNL, avec travail sur les Submodalités et les Swich Pattern.

J) TECHNIQUE EFT RESPIRATION RESTREINTE :

Si vous connaissez un peu le Yoga et sa partie PRANAYAMA, vous savez qu'un travail sur le SOUFFLE entraîne une amélioration systématique de l'état des personnes.
La respiration est le souffle de vie.

CONCLUSION

Le but de ce petit texte est d'ouvrir une réflexion commune.

En quoi vous pourriez différencier l'EFT d'une hypnose de base ?

Est-ce que vous pensez que le Tapping a tant d'intérêt que cela ?

J'ai étudié cette méthode, grâce à mon professeur de PNL, avec Dawson Church, Lee Pascoe et le HMI. En plus j'ai eu la chance de faire du SET/PET.

Aujourd'hui je suis toujours très en retrait vis-à-vis de cette méthode.

J'aime simplement le principe d'ANCRAGE de TRANSE pour le client. Et ainsi lui offrir un outil de mieux être.

Je serais très heureux de débattre de ce sujet.

LES EFFETS SECONDAIRES DE L'HYPNOSE

En ce moment, en plus des travaux sur les H-Ultra, (d'ailleurs je monte un site 100% consacré sur le sujet, je vous tiendrais au courant, bien sur je serais heureux de bosser avec vous sur le sujet), je travaille sur l'hyperemperia de Mr Don Gibbons et sur les différentes addictions.

Depuis quelques semaines, les vacances arrivant, de nombreuses personnes souhaitent cesser la cigarette et j'ai dû être mis dans la boucle d'un gang anti cigarette, ce qui me fait rencontrer de nombreuses personnes addictes à leurs clopes.

Je ne travaille jamais sur la cigarette, j'explique que nous allons faire une thérapie et qu'il faut par conséquent accepter les règles du jeu. Les résultats étant bons, les personnes acceptent... mais ne se rendent pas forcément compte que cela pourrait changer leurs vies.

Je pense que, comme de nombreux praticiens, j'ai des retours toujours très surprenants sur des conséquences de séances. Depuis quelques années je me suis aperçu que de nombreuses personnes changeaient radicalement de vie suite à des thérapies même courtes, dans le sens de quelques séances (1 à 4).

Cela peut démontrer une certaine 'efficacité' seulement dans le cadre de nos disciplines, les résultats ne sont pas idéalement 'écologiques'. Imaginez que vous venez pour un arrêt du tabac et que vous arrêtiez votre relation amoureuse, que vous quittiez votre travail...

J'ai beau préciser que nous allons traiter l'objectif du client, en passant par des chemins plus impliquants, je ne suis pas certains que ce dernier soit vraiment 'prêt' à cela. Même si dans la toute bonne foi de notre discipline, nous pourrions émettre l'idée que le subconscient n'attendait que cela pour pouvoir mettre en place sa stratégie de vie.

Nous sommes des opérateurs d'un changement, nous ne pouvons pas savoir à quel point le raz de marée intérieur va s'exprimer chez nos clients. Nous pouvons les prévenir, leurs expliquer, cela est trop vague et trop 'irréaliste' pour qu'ils prennent parfois l'ampleur de cette décision que de venir voir un praticien, juste pour cesser de fumer... intérieurement...

Et pour vous, comment se passe les changements de vos clients ? Avez-vous déjà eu des transformations gigantesques dans un sujet que vous n'avez pas 'directement' traité ?

REFLEXIONS SUR NOUS, THERAPEUTES...

ET SI NOUS DEVENIONS DES THÉRAPEUTES D'EXCEPTION ?

Imaginez que nous, praticiens, méditants, chercheurs et trouveurs, nous ne soyons plus que dans l'accomplissement de nous même. Dans cet éveil humain et humaniste de nos consciences.

Dans une transe, au cours de laquelle nous sortirions des limites et des croyances que nous avons faites nôtres.

Une transe de fusion, conscient/subconscient/inconscient, point une prise de pouvoir, ou une orientation de l'un vers les autres. Un tout. Cette force de l'instant. Cette unité d'absolu, sans contrainte parce que sans nos 'raisons' trop raisonnées et raisonnables.

Un instant ou l'émotion n'a plus besoin de surgir pour nous rappeler à la connexion de notre être, notre moi, cette émotion désintégrée, ne laissant que l'absolu conscience/subconscience unifié nous représenter sans jamais y prendre attention.

Ce dont Daniel me parlait comme présence, non charisme construit, mais force d'union de nous à nous même et aux autres.
Alors la paix, le pardon, l'acceptation de l'autre n'aurait plus d'utilité, ni même d'existence, parce que nous serions au delà de l'acte à mettre en place, voire à faire mettre en place à nos patients.

Une séance en silence, pleine de compréhension, pleine de vibration de deux êtres, deux entités qui se reflètent pour simplement se perdre dans une découverte de la pleine unité de l'un à l'autre.

Comme le fait si bien remarquer Frédéric, un alignement tellement parfait que l'autre ne peut que suivre et se trouver... Unifié, apaisé, sans mot, sans acte, sans émotion, juste en devenant....

Pouvons-nous être suffisamment 'thérapeute hors du commun' pour ce magnifique échange d'humanité d' i shin den shin, d'âme à âme ?

SOMMES NOUS CAPABLES D'UN VRAI CONTACT ?

Nous sommes praticiens, certains thérapeutes, d'autres aidants. Nous sommes hommes et femmes avec un objectif sincère et vrai.

Une volonté de soutenir, d'orienter, d'apaiser et tant d'autres mots dans nos cabinets.

Nous sommes des Humains, pleins de forces et de faiblesses, pleins de croyances et de limites.

En me baladant dans la ville lumière en ces périodes estivales, je me dis que nous vivions beaucoup de rencontres visuelles, beaucoup de rencontres émotionnelles même.

Un regard, un sourire, une moue, un évitement, tout ces petits riens de notre quotidien.

Nous construisons des contacts furtifs, complexes, nous éveillant à nous même.

Ces liens sont rarement des contacts entiers, une envie de plonger en l'autre. Notre éducation, notre timidité, nos peurs peut-être sont-ils des freins.

Alors comme une vision périphérique, nous entrons dans une transe, un dialogue intérieur, un contact avec nous même.

De cette idée, je me suis demandé si nous n'avions pas non plus peur de ce contact avec nos clients.

Les pédagogies et les stratégies thérapeutiques orientent dans une forme de neutralité entre le client et le praticien.

47

Une connexion, un frôlement suffisent pour un bon boulot mais peut être pas pour un contact vrai et entier.

Je sais qu'on parle sans cesse de 'rapport' dans les thérapies brèves. Mais là, je souhaite soulever la notion de contact de cœur à cœur.

Une force qui fait écho dans nos âmes, une sensation où même le thérapeute est tellement unifié, à la fois avec lui même et son client, que tout est possible.

Un contact dans lequel les transferts, les activations d'ancres et autres troubles n'ont plus d'existence, dans une séance si vraie que les mots même n'auraient plus de sens… Le praticien plus de peur…

Nous sommes conditionnés par ce que la société thérapeutique a proposé comme comportement à tenir. Nos travaux personnels, nos propres troubles, les notions subconscientes qui font échos pendant les séances…

Un praticien complètement libre et uni à un client, qui s'orientent ensemble vers le succès d'un cheminement curatif.
Serions-nous prêt à cela ? Hors de toute norme ? Peut-être un jour…

Aujourd'hui je continue mes quelques pas dans cette ville lumière qui s'endort… Sans un réel contact, simplement avec cette réelle intention… D'aider mes clients.

Et vous comment vous placez vous dans votre acte d'aide ? Êtes-vous en rapport ou en recherche de contact ?

A-T-ON BESOIN DE PROTOCOLE ?

Nous pratiquons dans une méthode très souple avec l'hypnose. Pourtant je découvre sans cesse des praticiens qui attendent le protocole ou la méthode des autres.

Je suis d'accord sur le fait que nous puissions nous inspirer pour développer notre propre façon de traiter.

Pour autant dans une démarche en amont, c'est-à-dire avant la rencontre avec les clients, cela me semble n'être qu'une incompréhension, voire un manque de confiance en... la capacité de guérir du client.

Intellectuellement je comprends la démarche, pourtant j'ai un ressenti de manque de maîtrise de l'outil que l'on souhaite utiliser.

L'univers de l'hypnose n'a de cesse de clamer que le subconscient sait ce qui est bon pour lui... Dans ce cas quel est l'intérêt de trouver le protocole type ?

Ce même univers avance que le rapport est le point le plus important de la thérapie... Dans ce cas quel est l'intérêt de trouver un protocole type ?

Notre monde d'hypno-thérapeutes souligne que même si le symptôme est le même, c'est la perception initiale qui a de l'importance... Dans ce cas, comment un protocole type répondra t-il à cette individualité ?

Quelle est la croyance réelle dans l'État hypnotique et la force des suggestions si le praticien veut reprendre ce qu'un protocole type inscrit ?

Je sais que des protocoles fonctionnent, pourtant nous connaissons tous la notion placebo, force de la suggestion. Qui nous dira que le succès provient du protocole ? Du rapport ? Ou de, peut-être, la valeur d'autorité du thérapeute ?

Si nous sommes thérapeutes et certainement davantage en hypnose, notre boîte à outils est la transe. Les outils que nous utiliserons ne seront-ils pas ceux de notre patient ?
Sa vie ? Ses mots ? Ses valeurs ? Ses croyances ? Ses bénéfices secondaires ?

Est-ce que notre job est de l'aider à construire son temple intérieur ou de lui fournir le plan Ikea de l'uniformisation de l'être ?
Avons-nous si peu confiance en notre discipline, notre intuition, nos techniques pour proposer à l'Homme unique et entier, un costume prêt-à-porter à la place d'un sur mesure ?

En ces périodes, pendant lesquelles j'entends parler des minimums de temps de formation, d'évaluation de compétences et autres, ne serait-il pas simplement bon de continuer ses recherches, sa formation, la découverte d'autres clefs pour trouver son authenticité thérapeutique et non pas de répondre à une norme ? Devenons-nous une industrie Mac Do de la thérapie où tout le monde cherche à faire comme ?

L'hypnose et l'État de transe sont partout, nous devrions modéliser, nous inspirer des grands avocats, peintres, politiques et autres communicants pour trouver des chemins vers un travail unique pour nos patients.

LES PRATICIENS D'HYPNOSE ET L'AUTO HYPNOSE

Nous autres praticiens, dans les différentes formes d'aide à la personne, devons prendre soin de nous.

Soyons sincères, nous sommes tous pleins de maux, d'histoires, de peurs. Nous sommes comme nos patients pleins de faiblesses.

Certains pendant leurs formations vont travailler sur eux et il est certain que cela n'est pas suffisant pour se 'corriger' de tout ce que nous avons cumulé.

Alors il y en a, en fonction de leurs formations, de leurs aptitudes, de leurs croyances, qui entameront une thérapie en parallèle. Que ce soit de l'analytique ou du bref, que ce soit de l'énergétique ou du méditatif.

Il y aura un travail sur soi ou une fuite de soi. Nous sommes aussi lâches dans de nombreuses choses 'difficiles' de nos vies.

Pour ma part, certainement par ego, par immaturité et par croyances limitantes, je ne travaille que difficilement mes faiblesses et mes maux avec autrui, même si je me l'impose au travers de systèmes divers.

Issu de l'énergétique, de l'hypnose et de voies martiales, je garde une croyance que l'on peut s'aider soi même. Il est vrai que, peut- être est-ce une lâcheté, une peur d'être à nu vis-à-vis d'un autre, cela peut être un évitement également…

Je ne puis le dire, aujourd'hui, je ressens un besoin de faire mon travail sur moi avec moi. Les chemins sont ardus, les résultats parfois peu concluants, mais le mieux remplace certaines choses.

Nous avons la chance en Hypnose de connaître un outil extraordinaire pour nous aider, nous découvrir, nous recomposer, nous soulager et simplement nous aimer. C'est l'auto hypnose.

Cette méthode qui consiste à entrer en état de transe, en niveau alpha, permet de travailler son passé, ses peurs, ses limites, ses croyances. Nous pouvons aussi nous soigner, retirer des douleurs, comprendre des choses.

Il y a un dialogue avec nous, il y a des accès avec nos capacités infinies comme avec nos ténèbres.

L'auto hypnose est un outil exceptionnel avec des résultats exceptionnels. J'en ai la preuve avec mon expérience de gestion d'une maladie lourde.

Mais certes, l'outil est incroyable, il nous faut le peaufiner, l'améliorer, le vivre et ce tous les jours de quelques minutes à quelques heures.

Pour faire un chef d'œuvre, il faut maîtriser nos outils, expérimenter, remettre en question. L'auto-hypnose demande à être travaillée.

Pour s'anesthésier, il faut le faire et le répéter tous les jours, pour comprendre une émotion, pour faire une régression, une programmation ou gérer une phobie, aussi.

Les résultats d'une transe dépendent de l'investissement que nous allons y mettre. Ce n'est parfois pas en un mois ou en six mois que vous verrez des résultats. Parfois il faut une année ou plus pour 'changer', 'aider', 'soigner' nôtre être.

Une chose que je peux vous assurer, c'est qu'une fois que vous avez intégré ce process, l'impossible devient possible.

Le cerveau arrête ses analyses et il n'y a plus que cette sensation, cette connexion qui dit 'je suis'.

Travaillez-vous quotidiennement vos transes ? Faites-vous des séances pour vous ? L'auto hypnose est-elle un outil du quotidien ou un remède d'urgence ?

NOUS, THÉRAPEUTES, AVONS NOUS PEUR D'ÊTRE HYPNOTISÉS ?

Mes rencontres avec de nombreux pratiquants et thérapeutes en Hypnose ont mis en évidence que beaucoup d'entre eux n'ont jamais été hypnotisés.

Pour être plus précis, ils n'ont jamais eu l'impression de l'être. Le fait que je travaille avec des 'instants' me donne la chance d'avoir beaucoup de professionnels qui passent 'tester'.

Pour beaucoup d'entre eux, ils s'estiment 'non hypnotisables'. Ne pensez-vous pas qu'il y a une incompréhension entre être en transe et vivre des phénomènes hypnotiques ? Dans ma perception de l'hypnose, l'opérateur ne propose au sujet que de récupérer un état qu'il vit naturellement au quotidien.

Que ce soit une rêverie, comme une catalepsie mineure, une catalepsie majeure lorsqu'on est à la machine à café, le gobelet en l'air pendant 15 minutes. Un oubli éphémère quand on a la réponse sur le bout de la langue. Une analgésie quand on se cogne dans un mur et que l'on s'aperçoit du bleu quelques heures plus tard. Ou diverses choses que l'on est persuadé d'avoir vues ou entendues alors que ce n'est pas le cas, ainsi que son inverse.

En somme des choses qui arrivent à tous et toutes. Alors certains, dans le cadre d'une session ne lâcheront pas et ne vivront pas de phénomènes hypnotiques. Et alors pour autant le principe de suggestions restera ouvert. L'impact sur le subconscient également

Il est intéressant de constater que les personnes en résistance sont souvent celles qui ont le plus peur de lâcher les émotions et maux cumulés dans le subconscient.

Une forme de résistance qui bien souvent est vaine. Si effectivement pendant la séance la personne ne veut pas exprimer, voir ou entendre, la plupart du temps le corps ou les comportements sont emplis de réactions subconscientes qui 'pourrissent' la vie, des compulsions, des phobies, des angoisses.

Pour d'autres il y a cette notion qu'en transe il n'y a rien de différent à leurs états quotidiens, vous en connaissez sûrement, n'est-ce-pas ? Ce qui sous entend que pour leur part ils sont en transe quasiment tout le temps…

Ne prennent-ils pas les suggestions du monde sans les filtrer ? Ce qui explique qu'ils tentent sans cesse d'être dans le contrôle, leur vie étant sous contrôle. Cela donne souvent des obsessionnels, ils vont facilement être passionnés pour cloisonner ces transes incontrôlées vers un seul point pour arriver à maîtriser au maximum. Ils deviendront maîtres d'un système et par conséquent chercheront à contrôler les inputs et les outputs.

Je ne maîtrise pas assez les neurosciences que j'estime de plus trop 'instables' dans leurs conclusions pour 'admettre' ce qu'elles mettent en avant. Je ne me fie qu'à ma pratique en cabinet et dans la rue. Chacun à leur manière partent dans une 'conscience modifiée' ne serait-ce que par l'apparition d'une émotion nouvelle. La plupart du temps du rire. Ou le retour d'un analytique exagéré comme pour se rattraper d'avoir lâcher.

Plus les personnes rationalisent leurs expériences surtout pour dire que cela n'a pas fonctionné et plus cela met en avant que leur équilibre de contrôle a été rompu.

Pour un praticien ne pas se lâcher en transe signifie quoi ? Quel contrôle veut-il avoir ? Quelle peur garde t-il ? Ne devons nous pas découvrir le plus profond de nous même ? Y a-t-il des parts de nous que nous ne souhaitons pas travailler ?

J'entends que de toute façon l'auto hypnose permet de travailler de la même façon... Je suis fan d'auto hypnose, mais je pense que c'est une belle 'lâcheté' que de vouloir tout gérer 'seul'. Nous n'irons jamais aussi loin qu'avec un opérateur bienveillant. Qu'est-ce qui fait que nous ne laisserons pas le Subconscient pleinement s'exprimer ?

Est-ce, en ce cas, l'absence de l'opérateur d'hypnose que l'on estime bienveillant pour permettre un vrai lâcher prise ? Est-ce le fait que nous n'avons que si peu d'estime en nous que nous n'en donnons pas aux autres ? Ou inversement tellement d'orgueil que nous ne souhaitons pas montrer notre faiblesse ?

Il est si simple d'opérer un travail avec nos patients, mais nous sommes nous capables du courage de nos clients ? Non, pas quelques mois pendant des études, mais jusqu'à la fin ? Aujourd'hui je ne crois pas à la personne qu'on ne peut pas mettre en transe, je crois que chacun la perçoit à sa manière.

Je crois en la peur de se laisser aller même si l'envie est là. N'oublions pas la force d'une peur, on peut vouloir de tout cœur passer de l'autre côté du pont mais le vide nous empêchera d'avancer.

Nous, hypnos, ne sommes-nous pas pour beaucoup devenus des experts de la transe pour avoir la belle illusion de la contrôler ?

LA PEUR

La peur est un élément qui bloquera facilement une session d'hypnose.

La peur nous impose de vouloir contrôler, de nous mettre en dissociation vis-à-vis de la séance, de nous saboter. La peur est là, dès le départ dans une rencontre hypnotique. Même les clients qui viennent avec une belle image de l'hypnose gardent une grande peur. Combien de fois avez-vous remarqué que votre partenaire tremble ?

La peur empêche d'entrer dans des états profonds comme le somnambulisme ou le coma.

Nous n'avons pas confiance, en l'autre, en l'environnement, en nous-mêmes et en ce qui pourrait ressortir de la séance. Si nous reprenons les notions Elmaniennes, il n'y a de session juste que lorsque notre partenaire est au niveau somnambulique. Hors beaucoup de personnes se 'retiendront' pour ne pas lâcher et se lâcher. Pour ne pas prendre cette re-programmation, menant à un sabotage d'une partie de la session.

La peur du changement, la peur de se rendre compte qu'il faut rendre les bénéfices secondaires d'une pathologie. La peur d'admettre que l'on a changé, parfois la peur même d'être 'comme tout le monde'.

Cela peut être tellement flatteur pour l'égo, de ne pas pouvoir s'en sortir. Cela fait peur de changer de comportements, d'apprendre à devoir s'adapter à de nouvelles interactions avec le monde.

La peur est un beau levier de l'immobilisme. Dans ce cas, le rapport devient l'outil choisi par de nombreux praticiens pour retirer cette peur. Une confiance de 'confier' son subconscient au praticien, une confiance que le changement se fera à un rythme gérable par le client.

Un bon rapport permet une séance réussie, m'expliquaient certains de mes professeurs.

Peut-être… En tout cas il joue sur la peur…

C'ÉTAIT MIEUX AVANT … ? !

Nous sommes à la recherche de maîtres. Belle généralisation me direz-vous pour les plus PNListes d'entre vous. Certains, certainement, n'ont pas ce 'besoin'.

Pourtant les quelques années pendant lesquelles j'ai vogué sur l'océan des thérapies, force est de constater que les pratiquants cherchent 'LE professeur', 'l' école'.

Dans l'hypnose c'est encore plus marquant avec la mise en avant des 'thérapeutes d'exception' et particulièrement de Milton Erickson.

J'ai beaucoup partagé avec des praticiens qui dans l'Hexagone pratique ce style. Vous me direz c'est normal, 98 pour cent des hypnothérapeutes sont issus de ce mouvement.

Étant de tendance Elmanienne, je suis impressionné par le mythe qui est fait autour de ce thérapeute. A mes yeux les praticiens actuels lui sont bien supérieurs.

Vous me direz que c'était un homme doué et je suis d'accord, en revanche, le fantasme du maître exceptionnel me fait sourire. On aime à penser que c'était mieux avant.

Ça me fait rebondir sur les arts martiaux dans lesquels tous les 'grands maîtres' étaient hors du commun. Et puis internet est arrivé et les vidéos de ces gens si forts mis à la vue de tous les pratiquants …

Et nous nous sommes aperçus que leurs niveaux étaient dignes d'un 'combattant' moyen. Prenez Bruce Lee et sa légende, il y a de très nombreuses personnes qui vont au moins aussi vite, et qui techniquement sont à des années lumières de ce qu'il faisait.

Il est normal que les nouvelles générations soient meilleures que les anciennes. Par essence, nous avons modélisé ce que les 'anciens' ont fait. Prenez les écrits des 'chercheurs' de Palo Alto. Ce qu'ils expliquent comme étant un vrai travail de découverte est aujourd'hui en grande partie assimilé par des praticiens PNL en trois semaines de stage.

Erickson était excellent pour l'époque mais prenez un homme comme Brooks ou Gilligan… Ils sont certainement bien meilleurs que l'original. Pourquoi, simplement parce qu'ils ont agrémenté cette connaissance, cette étude du 'modèle', de leurs trouvailles.

Prenez un type comme Bill Gates qui était considéré comme un prodige en créant Microsoft ou Steve Wozniak avec Apple. Ces gars, qui étaient à la pointe il y a 30 ans, sont totalement dépassés techniquement par un Zuckerberg, fondateur de facebook, ou un gosse de 13 ans qui pirate le système informatique du pentagone…

Peut-on croire alors en ce passé si glorieux ? En ces 'génies' du passé ? Vous avez lu Erickson, vu ses vidéos ? Est-ce que vous avez été 'emballés' par ce que vous avez vu ou lu ?

Quel est ce besoin de suivre un 'maître' ? Arrivons-nous à démystifier ceux qui nous semblaient si 'forts' ? Tuer le père en somme, cette figure d'autorité de notre développement… Sommes-nous encore des adolescents, incapables de passer à la maturité du praticien ?

DES SÉANCES SUR LES AMIS

Dans le cadre de Hype-N-Ose, j'ai la chance de former des praticiens en Hypnose Classique Curative. Mon enseignement se fait en petit groupe. Je ne prends que six apprenants maximum par cursus. A la fin d'une saison j'aurai tout au plus remis une dizaine de certificats.

Cette approche actuelle me permet de réellement me 'connecter' avec les apprenants. Devenir un instructeur, un praticien pour eux, puis un collègue et un ami. On s'apprend, on se découvre, on échange plus que quelques techniques et un éphémère instant d'apprentissage.

Deux fois par an j'organise un séminaire de 'vétérans'. Pour tous ces anciens apprenants devenus des collègues et confrères. Ils m'apprennent, ils m'enseignent. Ces moments permettent des mises à jour de compétences, des travaux sur nous.

Dans ce cadre, ceux présents, travaillent avec des amis. Des personnes qui ont pris une place dans leurs vies. Ces merveilleux week-end m'ont mis en réflexion vis-à-vis d'une observation courante : comment se passe la 'thérapie' vis-à-vis d'un proche.

J'ai toujours eu la croyance qu'on pouvait tout faire. Je suis très proche de l'énergétique, un monde sans limite plein de croyances limitantes. Mon caractère étant un ennéatype en 8, je suis un peu contre les croyances communes, plus dans ma carte du monde. J'ai beaucoup fait ce qui était défendu dans les diverses disciplines…

Quand on travaille sur un ami, je considère que le praticien doit être dans l'acceptation de devenir un outil de projection pour le patient. Il se responsabilise des conséquences dans le cadre privé.

En effet notre ami/patient pourra être poussé dans des émotions, des sensations dont il pourra vous rendre fautif. Il pourra faire un 'transfert' sur votre personne.

Quand vous prenez l'initiative de devenir son accompagnant, vous acceptez d'être le père violent, l'ami sadique, le bourreau collègue… Vous allez même provoquer des ruptures de schémas mentaux, parfois 'violemment' pour que le patient le dissolve.

L'intégration d'une séance peut être longue, parfois très longue. Il m'est arrivé que des clients me disent m'en avoir voulu, pendant des mois et des années, pour les changements dont ils estimaient que j'étais le déclencheur.

Vous sentez-vous prêt à assumer ce changement 'possible' de rapport ? Cette vision peut-être négative de vous-même ? Cette projection parfois brutale de ces émotions sur vous ?

Je n'aborderai pas maintenant le 'contre transfert' possible. Vous a-t-on haï dans ce cercle ' bourreau-sauveur-victime' ?

REFLEXIONS
DIVERSES

LES SCEAUX

Il y a dans l'hypnose une technique un peu particulière qui va à l'encontre de la 'bienveillante' Hypnose. Il s'agit d'une technique qui se nomme : Le Sceau.

Qu'est-ce qu'un sceau ?

Un sceau est une technique d'ancrage spécifique qui va empêcher un client ou un sujet de pouvoir entrer dans une transe assez profonde pour faire un travail thérapeutique ou éventuellement un jeu dans le cadre du spectacle ou de la rue.

Cela signifie-t-il que la personne ne peut plus être en transe ?

Techniquement les transes sont quotidiennes et, pour nous tous, elles sont naturelles, dire que nous empêcherions cela est presque impossible et mensonger.

Seulement cette technique fait émerger immédiatement après le contournement du facteur critique.

Je pense que nous pourrions dire que le sujet, entre dans une transe qui empêche les approfondissements et le focus suffisant pour suivre l'opérateur.

A quoi sert-il de sceller une personne ?

Il y a de nombreuses personnes qui aiment le pouvoir que semble apporter l'hypnose. Il est possible que l'égo, des besoins de contrôle, des problèmes financiers, poussent les pratiquants à mettre en place un sceau sur un client ou un sujet.

Imaginez un client qui ne peut se trouver dans un état de transe suffisante pour se relâcher, se reconnecter à de nombreuses choses positives qu'avec la présence d'un seul praticien ou opérateur.

Imaginez les transferts possibles, et le nombre de séance que la personne pourra prendre 'uniquement' avec cette personne, parce qu'aucun autre spécialiste ne permettra ces transes.

Le sceau est donc une technique 'malveillante' de l'hypnose ?

Pour faire du pretalk et des mises en transe de façon hebdomadaire dans la rue, ce type de technique entre dans la croyance populaire qu'un opérateur peut faire faire ce qu'il veut à un sujet ou qu'il entre dans l'esprit de ce dernier pour le contrôler.

C'est vrai que c'est tabou pour la majorité des 'thérapeutes' d'utiliser ce type de technique.

Pourtant dernièrement en discutant d'un cas avec mon ami Py, je lui expliquais que cet outil pourrait être l'outil adéquat pour la problématique d'un de ces clients.

Ce dernier part dans des transes spontanées profondes quand il voit son conjoint. Cela l'entraîne dans un état d'euphorie et de déconnexion à la réalité. Son entourage ne sait pas s'il faut faire, un psychiatre lui propose uniquement une solution médicamenteuse (n'oubliez pas, nous sommes des compléments possibles au monde médical, nous ne pouvons ni nous ne devons nous substituer d'une façon ou d'une autre à leur autorité.).

Dans ce cas, un sceau empêcherait ces transes excessives et éviterait un certain nombre de problèmes.

Est-ce vraiment utile ?

En ce moment cette technique me semble intéressante dans le contexte suivant. Dans les articles précédents de laboratoire-hypnose, je proposais que nous puissions revoir la définition de l'hypnose avec un modèle, non pas conscient/facteur critique/ subconscient/ inconscient, mais subconscient/ facteur critique/ conscient/ inconscient.

Ce qui s'explique, selon moi, par une succession de transes différentes au cours d'une journée.

Dans ce cas de figure, au travers de cette 'croyance' il y a des transes qui sont néfastes dans notre quotidien.

Au lieu de tomber dans cette transe, un sceau qui fait automatiquement sortir de cet état, et empêche donc la capacité au subconscient de faire vivre cette expérience, pourrait offrir une alternative à certains pathos.

Si un de mes patients/sujets a un sceau comment puis-je le découvrir ?

Vous verrez qu'il ouvrira brusquement ses yeux si vous avez l'habitude de lui faire fermer, ou il fera des tas d'évitements dans la notion plus 'éveillée', il bougera, racontera n'importe quoi, ou souhaitera partir au toilette, à un rendez-vous, ou de la séance.

Je reviendrai plus tard sur ce sujet, qui me semble intéressant et qui peut certainement apporter de bonnes choses si nous travaillons à l'appliquer pour le bien être du client.
Avez-vous déjà eu le cas d'un sceau ? En aviez-vous déjà entendu parler ? L'avez-vous déjà utilisé ?

RÉFLEXION SUR LE RAPPORT

Je voudrais revenir sur le sacro saint rapport. Dans ma réflexion je ne parle que de mes expériences et de quelques échanges que j'ai eus avec des praticiens et 'thérapeutes'.

Je sais que dans la majeure partie des systèmes que j'étudie et pratique, les enseignants nous expliquent à quel point le rapport est la clef. En énergétique, ils préfèrent parler d'intention.

Je me suis aperçu que le rapport est par définition en place dès que nous avons un contact avec notre client.

Après nous pourrions catégoriser en :

- Rapport Bienveillant

- Rapport Malveillant

Le terme Malveillant est un peu fort mais je vais tout de même le garder.

La plupart des thérapeutes mettent en avant le Rapport Bien veillant comme étant le moteur de la thérapie, la clef de voûte.

On m'a même dit que des études révélaient que même des praticiens 'techniquement peu compétents', mais ayant une 'intention positive' et un rapport positif avec leurs clients, avaient des résultats positifs.

Beaucoup de mes confrères mettent en avant que les techniques sont d'une importance mineure car un bon rapport pourra apporter la clef du mieux être.

Même en Provocatif, mes professeurs mettaient en avant ce point clef, créer un rapport bienveillant pour se permettre d'aller bousculer le monde des croyances de notre partenaire.

J'ai testé avec certains de mes patients, très souvent réfractaires à venir, qui étaient envoyés par la famille ou les amis et qui étaient dans la défiance, un rapport 'malveillant'. Je suis parti du principe que le gars venait me faire perdre mon temps, qu'il était juste là parce qu'il faisait plaisir à du monde, et que je n'allais pas me prendre la tête avec.

J'imagine que là, il y a un paquet de 'thérapeutes' qui doivent me trouver lamentable. Et je peux les comprendre, mais quitte à perdre sa séance autant que je puisse utiliser ce temps pour l'étude, et sortir des dogmes que trop peu remettent en cause.

Je partais du principe du médecin, nombre d'entre eux se fichent royalement de leurs clients, il y en a un autre qui va arriver dans 20 min… 15 min en général. Pourtant, l'impact sur les patients, en bien ou en mal, est flagrant.

Combien de médecins insèrent des idées (suggestions) à leurs clients qui parfois construiront une maladie ou inversement retireront leur mal avec un simple placebo.

Donc pendant mes rapports 'non conformes', je ne suis pas du tout dans l'accueil, le transfert se fait très souvent, je représente la personne la plus 'dégueulasse' de leurs vies. Je ne suis pas empathique à ces moments là et juste dans une analyse.

Il y a bel et bien rapport, pourtant rien de doux, rien de forcément très respectueux. Je me souviens même, plus jeune, d'avoir été très dénigrant envers la pathologie.

Pourtant sur les feed backs que j'ai eu, soit avec la personne qui me l'avait envoyé, soit parfois même avec le client quelques années plus tard, étaient positifs. La plupart ont réglé leurs problèmes mais me disaient que je leur faisais peur.

Dernièrement, une personne que j'ai régulièrement n'avait pas fait le moindre travail proposé et revenait parce que son problème était revenu. Comme la plupart du temps, j'allais la virer de mon cabinet, en l'orientant vers une personne qui lui correspondrait plus. Puis, je me suis dit que j'allais 'tester'. Mon rapport était très agressif.

Et toute la séance, la personne m'expliquait qu'elle ne comprenait plus rien, qu'elle voulait partir, je l'invitais même à le faire. Elle a fait une crise émotionnelle intense, puis après avoir orienter cette transe vers une transe apaisante. Elle m'a regardé et m'a signifié que quelque chose de très fort venait de sortir d'elle.

Pourtant je ne répondais en aucun cas aux critères du thérapeute. J'accepte l'idée que le rapport bienveillant est un point important et facilitateur du changement de l'autre. Par contre ce dogme de bienveillance je le trouve très hypocrite. C'est également estimer qu'en enchaînant ses journées de travail, en vivant les maux et les malheurs des autres, qu'en vivant aussi nos vie et nos maux, nous, praticiens, nous réussissons à être dans une énergie d'amour et de bienveillance avec tout le monde.

Vous arrivez à être dans la même énergie avec une personne en phase terminale du cancer et une autre qui vient de rompre avec son ami qu'elle fréquentait depuis deux semaines ?

Nous aimons donner l'image du thérapeute zen, bon, juste et dans la bienveillance. Pourtant quand nous sommes entre nous, entre praticiens en formation, nous voyons bien nos failles, nos faiblesses, nos maux encore ouverts.

Pourtant nos blessures sont là, nous vivons des séances dans lesquelles nous avons mal, nous avons des retours émotionnels. Quand nous 'estimons' que la séance qui suit, dans notre monde de 'valeurs', est 'moins' importante, ne sommes-nous pas dans un état de 'bienveillance' bien différent ?

Je reviendrai plus tard sur une réflexion à ce sujet.

Ces quelques mots pour partager des réflexions et surtout des retours d'expériences sur ce qu'est le rapport. Je ne dis pas que la posture à prendre doit manquer de bienveillance…Avez-vous déjà été dans cette posture 'malveillante' ?

LA THÉRAPIE CINÉMA

Je continue ma logique de laboratoire, des tests et des réflexions. Ce qui va suivre est une expérience que je mets en place depuis l'été dernier sur moi, une méthode liée au cinéma.

L'idée m'est venue l'an passé quand j'ai étudié le Provocative Energy Technique de David Lake et Steve Wells, ils mélangent de l'EFT et de la thérapie provocatrice.

J'ai eu la chance de beaucoup discuté avec David, et comme vous le savez je ne suis pas très fan de l'EFT, voir l'article : http://laboratoire-hypnose.com/2012/05/

David m'a dit de tester le tapping le plus possible pour découvrir les résultats que cela peut donner. En PET, ils conseillent de tapoter en continu sur une émotion, un thème.

Pour ce faire j'ai utilisé le cinéma et les films que je regarde comme ancrage pour ce travail. A chaque fois que je me pose devant un film je commence à faire du tapping.

Petit à petit je me suis aperçu qu'à part anesthésier mon visage pendant 1h30, je n'avais pas de résultat très concluant. Dès lors j'ai pris le principe hypnotique du cinéma comme pouvoir thérapeutique.

Nous savons que nous entrons dans des transes quand nous regardons un film, ce qui semble le plus important c'est que certaines scènes nous réactivent des ancrages. Ces ancrages peuvent être des moments difficiles de nos vies, des reflets divers ou à l'inverse des situations stimulantes.

Partant du postulat que dans l'hypnose il y a des métaphores thérapeutiques, des histoires que nous pouvons prendre comme étant des chemins de 'mieux être'. Je me suis dit qu'il suffisait d'amplifier la transe que nous vivons et de l'orienter.

En somme, je vis une émotion qui amène des larmes, de la colère, ou toute autre chose. Je me connecte à cette émotion j'amplifie ma dissociation, c'est là où je recommence le tapping. Il faut dire également que je suis un auditif, ce qui fait que les films que je regarde … je ne fais que les écouter …

Je propose donc à mon subconscient de prendre des répliques, des actions et images des personnages qui pourraient me permettre d'évoluer, de trouver des voies de progression. J'évalue mon avancement en me reconnectant à l'émotion initialement éveillée.

Parfois il y a des choses surprenantes avec le film qui correspond à notre problématique et l'issue est une belle voie thérapeutique.
En estimant que vous regardez un film tous les deux ou trois jours, peut-être une série, vous pouvez travailler sur vous quelques heures par semaine. Les résultats peuvent être étonnants.

En écrivant cela, je me souviens que c'était ma manière de faire lorsque j'étais enfant, je trouvais mes solutions, je m'apaisais en regardant des Mangas, comme certains le faisait avec les livres.

Hier j'écrivais un article sur le boulot que l'on met en place sur nous-mêmes, praticiens, grâce à l'Auto Hypnose. Nous pouvons adapter ce système dans la 'thérapie cinéma'.

Prenez un film qui vous motive, qui vous stimule. Vous pouvez vous connecter à la stimulation que cela vous créera pour offrir des nouveaux programmes à votre subconscient. La seule chose à faire est de vraiment bien rester dans une transe 'à but thérapeutique'.

CHOISIR C'EST SE LIBÉRER

Je lis et entends très régulièrement que **choisir c'est renoncer**. Renoncer à l'alternative, à un autre chemin, à d'autres moments de vie.

Depuis quelques temps ces quelques mots résonnent en moi, comme une dissonance, une disharmonie.

Je perçois **le choix comme une libération**. Comme la possibilité d'ouvrir de nouvelles possibilités, de multiplier les choix futurs. Combien de fois vous êtes vous posé la question pour savoir si vous deviez faire ceci ou cela. Cette question devenant presque **obsédante**. Pour certains, cette question se répète dans l'isolement de l'esprit, pour d'autres le besoin de partager les points de vue devient une nécessité.

Cela peut prendre des minutes, des heures, des jours. C'est comme un nœud dans le ventre, une pression dans la tête, des explosions dans le cœur. Nous entrons dans une prison qui nous entraîne une souffrance liée à la notion de bien ou mal.

Combien de fois cette question revient en tête, est-ce que j'ai pris la 'bonne' décision… Certains ont même la croyance qu'une décision changera toute leur vie, d'un coté c'est vrai… avec toutes les décisions de nos vies, la plus minime soit-elle, même l'heure de départ à un rendez-vous. A deux minutes près, aurions nous croisé l'homme ou la femme de notre vie, aurions-nous eu le sourire de cet enfant ?

Un choix pourrait être destructif si nous revenons sans cesse dessus, en lui donnant plus de force qu'il n'en a en réalité. C'est parce que nous ne prenons pas d'autres décisions que nous subissons un choix passé.

Nous risquons de donner le pouvoir à un choix, alors que le pouvoir est celui de **notre capacité d'adaptation, et notre possibilité à ouvrir de nouvelles portes...**

Une fois cette décision prise, on renonce si on s'accroche à une potentialité imaginaire, par contre **on se libère de cette 'pression'** intérieure et parfois même extérieure. Nous ne restons plus plantés devant des portes, nous entrons sur une découverte, sur des rencontres, sur des émotions. Nous **gravissons des étapes** de vie.

Ne nous offrons-nous pas nous-mêmes la vie que nous souhaitons ? Les choix sont comme des branches d'arbres, toutes réunies à un tronc unique. Ce tronc c'est vous, **vos possibles, votre force illimitée**. Ce tronc soutiendra sans cesse les branches et les feuilles de vos vies.

Libérez-vous d'un peut-être aux mille teintes, aux mille illusions, pour seulement construire ces 'peut être...' comme des 'c'est..'. Le **cœur libre et ouvert** à de nouvelles possibilités, de nouvelles découvertes, de nouveaux accueils...

L'HYPNOSE ULTRA ou L'HYPNOSE dite PROFONDE

LES PROFONDEURS ULTRA DE L'HYPNOSE

Travail en Ultra
Je mets en place un travail sur les 'profondeurs Ultra' de l'Hypnose. Je comprends que certaines personnes ne soient pas dans cette notion de profondeur et qu'elles n'y voient aucune 'réalité' ou aucun intérêt.

Je suis de tendance Elmanienne et le Coma Hypnotique (Esdaile State) faisant parti de notre histoire, je souhaite continuer mon étude en allant au-delà de ce que j'ai lu ou entendu sur le sujet.

J'ai fait avec l'aide d'Elodie en été 2012 cette série vidéo :
http://www.youtube.com/watch?v=TAwNlIThzxw :
Coma Hypnotique (Esdaile State) By Hype-N-Ose Part 1/3
http://www.youtube.com/watch?v=2J8xoGjSzwI :
Coma Hypnotique (Esdaile State) By Hype-N-Ose Part 2/3
http://www.youtube.com/watch?v=9d7KFN5Pzhk :
Coma Hypnotique (Esdaile State) By Hype-N-Ose Part 3/3

Le but étant de montrer cet état et ses qualités aux praticiens de la discipline.

Depuis quelques mois j'ai complété ma formation avec Jerry Kein (Omni Hypnosis), élève de Dave Elman, avec un module complémentaire au cursus de base sur les grandes profondeurs qu'il nomme Ultra Height.

Son objectif est de mettre le partenaire en Coma Hypnotique, puis d'aller travailler dans une forme d'Hyperemperia (Voir le génialissime Don Gibbons).

Depuis quelques mois je l'utilise et j'ai eu des feed back passionnants sur les douleurs, les problèmes de grignotage, les deuils, les phobies.

Je compte donner des retours sur une période assez longue et sur différentes pathologies.

L'autre monsieur de l'Ultra profondeur est James Ramey. Il fait un système du nom de Ultra Depth ou Sicchort State. J'ai entendu dire que Kein avait pompé une partie de sa technique et le nom étant déposé il avait créé sa vision du système.

Il y a quelques jours, j'ai pris ses cours sur le net, étant un amateur du e-learning. J'ai été assez déçu sur la majeure partie de la formation, qui est sommes toute très simple. Par contre, il a quelques éléments intéressants et des idées que je n'avais pas croisées dans les autres formations que j'ai pu faire.

Son principe est de faire descendre encore plus bas que le coma hypnotique et avec l'aide d'une ancre, il déclenche à volonté cet état.

Le coma est reconnu pour trois particularités :

- Le client est en état catatonique, c'est-à-dire que son corps prendra les postures que nous proposerons sans contrainte.
- Le client est en anesthésie instantanément sans suggestion
- Le client aime rester dans cet état, et il est assez complexe de le faire sortir.

L'ultra depth est décrit comme :
- Extrême relaxation, tout le corps devient sans tension.
- Cet état permet la cicatrisation et la régénération cellulaire de 6 à 10 fois plus rapide qu'un état classique.

- Initialement Sicchort expliquait qu'il était impossible, même avec l'astuce du coma hypnotique, de faire sortir son partenaire de transe et qu'il fallait attendre parfois plusieurs heures.

Aujourd'hui je suis un peu en retenu sur la notion de guérir plus rapidement les tissus et autres. Je vais donc utiliser cette méthode sur un certain nombre de personnes pour voir si réellement leur état physique va s'améliorer.

Je vais filmer certaines personnes avec leur accord et je diffuserai au fur et à mesure le processus pour entraîner dans ces états Ultra.

Je vais éviter d'utiliser les noms déposés par nos amis américains, je nommerai Ultras, je préciserai cependant lorsque ce sera plus de la tendance de Kein ou celle de Ramey.

Mon objectif personnel est de trouver un moyen efficace et sans contrainte pour calmer les personnes en grande souffrance physique et psychique. Leur donner ne serait-ce que quelques heures de détente et de bien être dans leur corps et leur esprit.

H-ULTRA : RÉFLEXIONS

Je vous ai présenté rapidement ce que représentait potentiellement le niveau Ultra d'Hypnose. Je dis bien potentiellement sachant que nous sommes dans un état de perception propre à chacun.

Il y a de nombreuses questions qui m'ont été posées. La principale est bien sur : est-ce que tout le monde peut arriver dans un tel état de Transe ?

Des tests effectués, j'ai pu constater que tout le monde pouvait y descendre, si la personne accepte de se laisser guider. Pour les personnes dans le contrôle ou l'analytique, je propose de vivre l'expérience sans y penser en jouant le jeu de leur sensation. Je leur propose un débrief analytique après.

Il y a un point qui aujourd'hui m'interpelle. Je vous ai proposé dans un article précédent les niveaux de transe dans l'hypnose Elamnienne. Jerry Kein avec son Ultra Height et James Ramey avec son Ultra Depth placent leur niveaux Ultras, sous le coma hypnotique (Esdaile State).

A mesure que je le fais sur mes patients, je constate que certains vont plus facilement rester dans un coma, d'autres iront naturellement dans un Ultra Depth et d'autres plutôt en ascension vers un Ultra Height.

En somme, j'ai l'optique suivante, à partir de l'état somnambulique nous sommes naturellement 'attirés' dans une transe qui nous est plus spécifique.

Certains auront une transe plutôt catatonique (Esdaile), d'autres seront dans une relaxation extrême (Ultra Depth) et enfin des personnes seront en reconnexion avec leurs 'Âmes' (Ultra Height).

Cela nous ouvre un champ de réflexion intéressant, sachant que quoi qu'il arrive :

- La douleur disparaît immédiatement
- L'état dans lequel est le client/patient est 'extraordinaire'
- La responsabilisation du client/patient est mise en avant.

Nous pouvons constater que la personnalité, dans un état approfondi de l'être, transparaît spontanément dans le type de réponse le plus adapté à son être.

Quand on fait un 'forçage' dans un autre secteur, du coma on impose le Ultra Depth ou Ultra Height, certains s'oublient complètement, et ne sont plus capables de faire la séance, comme déconnectés de leurs sources.

Je continuerai dans les jours à venir ces papiers sur les H-Ultras. Gardez en tête que je n'en suis qu'au début et qu'il se peut que je remette en question ces conclusions. L'important pour moi est de vous proposer les résultats de la démarche que je mets en place et de partager mes réflexions sur ce passionnant sujet.

RETOURS D'EXPÉRIENCES EN H-ULTRAS (3E EPISODE)
H-Ultras quelques points intéressants.

Je continue ma série d'articles concernant le H-Ultras. Vous avez pu découvrir ce que Messieurs Kein et Ramey ont mis en place au travers de leurs systèmes. Je rappelle que je nomme H-Ultras la combinaison de ces méthodes pour éviter des 'échanges' sur les marques déposées.

J'ai repris leurs excellents travaux et je les ai adaptés à ma façon de faire. J'ai testé sur environ une trentaine de patients cette méthode de descente dans des transes profondes pour travailler sur des thèmes divers :

- Violence parentale

- Viols

- Problèmes alimentaires

- Douleurs physiques

- Confiance en soi

- Deuils

- Changement d'environnement

- Prise de décision

Toute personne peut-elle descendre à ce Niveau ?

Comme je vous l'ai proposé dans mon précédent article, je pense que nos clients passent dans un niveau 'H-Ultra' différent en fonction de leur personnalité.

Certains iront en

- **Esdaile State :** Complètement catatonique.

- **Sichort State :** Dans une détente hors 'norme'

- **Ultra Height :** Dans une forme de Hyper conscience, une Hyperemperia.

Ramey et Kein estiment que l'Ultra Depth et Height sont des états plus profonds que l'état Esdaile. A ce jour je ne suis pas d'accord.

En effet j'ai eu de nombreuses personnes qui sont passées dans un Sichort State, alors que nous étions dans la phase de Esdaile. Elles n'étaient pas du tout catatoniques, mais ne réagissaient pas du tout et ne pouvaient plus bouger la moindre partie du corps.

D'autres ne sortent pas de l'état catatonique de l'Esdaile même en travaillant sur l'orientation vers Sichort ou Height.

Pour le moment, je dirais que **tout le monde ne descend pas dans le même H-Ultra**. Par contre, hormis deux personnes, toutes les autres m'ont fait remarquer qu'elles n'arrivaient pas à revenir facilement et que cet état était resté pendant un très long moment après l'émerge. Dans ce cas il faut préciser de **ne pas reprendre sa voiture...**

Est-ce que les patients peuvent parler ?

J'ai retiré de mon esprit la croyance limitante que le partenaire en état Esdaile ne peut pas communiquer. Certains (rares) arrivent à parler mais très lentement ou répondent à une question posée quelques minutes avant.

En Sichort, nous mettons un ancrage pour permettre de sortir immédiatement notre partenaire de l'état profond, donc nous pouvons dialoguer quelques instants avant de le renvoyer dans l'état H-Ultras.

Concernant le Height, cette connexion à 'l'âme' rend parfois le dialogue difficile, il y a une forme euphorique et d'apaisement.

Est-ce que c'est long ?

Pour ceux qui me connaissent vous savez que j'aime que ça aille vite, j'ai la croyance que le temps n'a pas d'importance sur certains aspects de la thérapie.

Je me suis donné environ 15 minutes pour entraîner mes partenaires à ces niveaux.
Je pense tout de même que le temps est important selon notre façon de faire (je suis très directif).

Que se passe-t-il pendant la séance ?

C'est certainement le plus grand génie de cette méthode, à part l'anamnèse, en tant qu'opérateur nous ne proposons, si nous le souhaitons, plus aucune suggestion, c'est la connexion avec le subconscient qui va dans le sens de la demande initiale et souvent au- delà.

Doit-on laisser longtemps notre client dans cet état ?

J'ai fait quelques tests et je me suis aperçu que le temps n'avait pas une grande importance sur les retours. En effet, il m'est arrivé à deux reprises d'avoir des personnes qui sont arrivées très en retard, donc j'avais environ 20 minutes pour faire la séance.

J'ai du laisser ces clients entre 3-5 minutes dans cet état. Et ils sont revenus transcendés, avec la certitude que leurs problèmes étaient complètement régler. Les retours l'ont confirmé.

Comment sais-tu qu'ils sont en H-Ultras ?

Vous savez que les points connus de l'Esdaile sont :

- État catatonique

- Les clients restent dans l'état même si on leur demande de remonter (je commence à douter)

- Anesthésie sans suggestions.

Pour le Sichort et Height

- Extrêmement souple même au niveau des viscères

- ils restent impassibles aux sons extérieurs dans un état de détente extrême

- Ne peut plus bouger

- Anesthésie

Comme je vous le faisais remarquer précédemment, nous avons la possibilité d'ancrer des mots clefs, qui serviront de fusibles et surtout permettront de ressortir de ce niveau de transe votre partenaire.

Par contre, ce n'est pas parce que la personne est 'revenue' qu'elle est complètement consciente.

C'est sur ce point qu'il faut sûrement le plus insister. Laissez-lui du temps pour l'emerge.

Qu'est-ce que ce principe de mots clefs ?

C'est un principe simple que nous connaissons tous dans nos pratiques, certains nomment cela 'fusibles', d'autres 'ancrages'.

A chaque niveau que vous atteignez vous mettez un mot clef, j'en mets au niveau somnambulique, au Niveau Esdaile et en H-Ultras.

Un mot pour l'emerge. Vous pouvez le positionner quand vous le souhaitez. Moi je le fais entre deux paliers de l'Esdaile.

Est-ce vraiment utile ?

Ma réponse va être celle d'un gamin qui découvre un nouveau jouet, il me faut beaucoup plus de pratique et, comme me dit un ami formateur, que je l'affine. A ce jour, je pense que c'est un nouveau placement de notre rôle de praticien.

Pour moi l'absolu de l'Hypnotist et en cela je partage l'idée avec Daniel Goldschmidt, c'est de pouvoir faire une séance sans mot, une forme de résonance de subconscient.

Cette méthode, nous redonne le rôle d'opérateur, nous n'aiguillons pas, nous ne suggérons pas. Nous accompagnons en silence une fois reconnecté à ce subconscient volontaire à la guérison.

Vous me direz que le subconscient n'a pas besoin de cela pour décider de guérir, et là je pourrais répéter ce qu'une de mes patientes m'a dit : ' **c'est comme si j'étais avec mon tout, et que je devenais pour la première fois, moi, sans limite'**...

AUTO HYPNOSE H-ULTRA/ HYPNOSE PROFONDE

Je continue mes expériences et tests. J'ai la chance de faire beaucoup d'auto hypnose et de travailler sur de nombreux sujets. Je vais facilement dans des transes et depuis quelques années j'expérimente différentes méthodes pour trouver ce qui pourrait me faire avancer le mieux.

Comme vous le savez mes recherches actuelles concernent les Ultras, les hypnoses profondes. Il y a encore de nombreux aspects que je recherche en séance et il y a des réponses que je trouve quotidiennement.

J'aime l'Auto Hypnose et j'ai déjà testé, il y a un certain temps, d'aller en coma hypnotique (Esdaile State), j'ai pu m'y rendre après quelques essais infructueux. La chose que je n'avais pas prévu c'est le temps dans lequel j'allais vivre la transe.

Depuis quelques semaines je mets en place des 'ancrages de niveau' pour descendre plus facilement dans les niveaux Ultra. Je me suis fait des Mp3 et j'ai déjà touché plusieurs fois une transe en Ultra Depth.

Hier soir, je me suis dis que cela pouvait être intéressant de me faire une séance avec ces différents ancrages et de nombreux fractionnements. J'ai dû m'induire des profondeurs pendant près d'une heure (assis sur ma chaise).

J'ai senti à un moment mon corps me lâcher complètement, Je mets en place des dissociations multiples, me permettant de gérer mon approfondissement intérieur et les thèmes que je traite.

Et puis, l'entrée en Ultra, des milliers d'émotions et de sensations physiques, parfois agréables, parfois moins (j'avais un thème à travailler). Il s'en suit un état d'apaisement, de sérénité et de communication intérieure.

Je suis resté dans cet état pendant près de 5h... l'emerge a été très difficile. Je me suis demandé si je ne m'étais pas endormi. Je n'avais pas les mêmes sensations que pendant mon sommeil et l'état de retour était une transe plus légère.

Les heures suivantes ont été marquées par des retours spontanés en transes, au moins au niveau somnambulique. Je sors à peine de ces effets (encore que...).

Je vais encore m'entraîner et vous donnerai un process possible si vous aussi vous souhaitez entrer dans ces transes Ultras en Auto Hypnose.

UTILISATIONS POSSIBLES DE L'H-ULTRA / HYPNOSE PROFONDE

David me demandait ce que l'on peut faire des transes en H-Ultra. Il travaille dans le milieu médical et il lui est utile de trouver des outils qui puissent aider au maximum le patient.

Je ne peux pas valider les notions que j'ai expérimentées comme valeurs absolues pour les patients des hôpitaux ou sur des urgences, je vais donc vous faire des retours d'expériences sur mes différents clients.

Est-ce que l'H-Ultra peut être utile pour les patients qui ont des fortes douleurs ?

J'ai mis en place de l'Ultra sur des clients avec des douleurs chroniques traitées par médicament depuis plus de vingt ans. Durant la séance, les douleurs ont complètement disparu, ce qui me semble assez commun à la majorité des transes dans lesquelles nous pouvons descendre nos partenaires. Elman parlait de niveau somnambulique pour parvenir à une anesthésie.

Par contre sur les effets post séance, les clients ont tous fait un retour indiquant que les douleurs n'étaient plus les mêmes, voire avaient complètement disparu. Il faut noter que je ne propose pas de régression ou autres actions à ce niveau. Je leur indique de reprogrammer eux-mêmes leurs corps vers ce qui est bon pour eux.

En Esdaile, des partenaires qui avaient de grosses douleurs, amenant pour certains des étourdissements, se sont complètement apaisés et tout le temps où ils étaient dans cet état, la douleur avait disparu. En post hypnotique, la douleur était très supportable, voire avait disparu pour certains.

Je ne peux pas valider encore le fait que toutes personnes qui se retrouvent en Esdaile, Sichort ou Ultra Height, retirent les douleurs définitivement, par contre l'apaisement est possible.

A la question est-il possible de faire descendre en H-Ultra pendant une grosse douleur, je n'ai eu que deux fois le cas et les personnes sont parvenues à aller en niveau somnambulique puis, de là, j'ai proposé une anesthésie pour faire passer en douceur dans les H-Ultras.

Quel serait le 'plus' des Ultras par rapport à un somnambulique, c'est que l'état peut être ancré et qu'il n'y a pas besoin de suggestions, le sujet entre directement dans une profonde anesthésie. De plus, pendant tout le processus, l'opérateur peut facilement ressentir un apaisement de son client.

Est-ce que le H-Ultra pourrait être utile en bloc ?

Je n'ai pas eu la chance de pouvoir aider des médecins et infirmiers en bloc, je ne vais donc faire que spéculer. Je ne peux reprendre que ce que l'histoire a démontré, le niveau Esdaile a permis au 19eme siècle de réduire les morts pendant les opérations.

Aujourd'hui, Denys un médecin anesthésiste m'a dit qu'il n'avait pas réussi lors d'une opération à mener en Esdaile mais en Ultra Height (Hyperemperia), et sa patiente est parfaitement partie.

Il nous faut apprendre en fonction de nos partenaires, mais en urgence il est délicat de savoir ce qui sera le mieux pour le patient.

Qu'as-tu pu expérimenter de satisfaisant en H-Ultra ?

Tout d'abord avec l'expérience, j'ai constaté que nous pouvions descendre rapidement un grand nombre de clients jusqu'à ce niveau.

J'ai pu voir en une séance d'H-ultra :

- Des compulsions alimentaires se stopper.
- Des crises d'angoisses disparaître.
- Des excès alcool, cigarettes, drogues se stopper.
- Des douleurs chroniques s'atténuer ou se transformer.
- Des états émotionnels (cyclothymie) se stabiliser.

Ce qui est intéressant et vous avez pu le voir, pour ceux qui ont visionné les vidéos (http://www.youtube.com/watch?v=otP7El2EznA), je n'oriente pas la séance au travers de suggestions. Je laisse le partenaire prendre la responsabilité de ce qu'il souhaite et de ce dont il se 'sait' capable de faire.

il y a aussi cet état d'apaisement intense, que beaucoup garde pendant des heures, voire des jours, comme s'ils avaient vécu une expérience au plus profond d'eux mêmes.

J'ai encore beaucoup de choses à travailler, j'ai encore des process à revoir et je sais que nous pouvons vraiment faire de belles choses avec ce système. Si vous avez des questions envoyez-moi un mail : hype.ose@gmail.com

HYPNOSE ET ENNEAGRAMME

REFLEXION SUR LES TRANSES

Nous avons selon les tendances que nous suivons des définitions variables de l'Hypnose.
Aujourd'hui suite à de nombreuses rencontres, de formations, de lectures et surtout de sessions avec mes patients, je me dis que nous pourrions aborder l'hypnose sous un autre angle.

J'ai observé que nous pourrions appliquer les notions de transe, c'est-à-dire d'état hypnotique, à beaucoup plus de moments que ce que nous nommons des transes quotidiennes.

Toute connexion à une émotion entraîne automatiquement une modification de l'état de conscience. Après nous avons le choix de contenir ou de refouler l'émotion, par conséquent de garder notre conscient en Leader de l'interaction Conscient-Subconscient.

La transe ne débute qu'à partir du moment où le Subconscient, donc l'émotion, supplante la capacité de contrôle du Conscient.

En somme :

État d'éveil Conscient : Le Conscient lead le Subconscient
État Hypnotique : Le Subconscient lead le Conscient.

Pour aller un peu plus loin, on peut donc constater que chaque changement émotionnel que nous vivons au cours d'une journée est une mise en transe spécifique.

Nous retrouverons donc des Transes de Joie/Tristesse, de Sérénité/Colère, de Courage/Peur, d'Egoïsme/de Don ... Chacune des émotions et facettes de notre personnalité, en fonction des situations et des moments, nous fera entrer dans une transe.

A savoir que nous avons quand même des Transes Mères. C'est-à-dire que nous avons des Transes primaires qui se mettent en action pour nous plonger dans une zone de confort, cela nous évite de construire, avec le Conscient, une Stratégie d'adaptation dont le but unique est de nous conforter dans un système connu et confortable.

Ces Transes Mères sont celles que nous trouvons dans nos personnalités et si nous recoupons avec l'Ennéagramme, nous pourrons saisir que nous avons des bases de personnalités qui représentent des Transes Mères, celles de confort (même si elles peuvent sembler destructrices).

Prenons l'exemple d'une Base 7 en Ennéagramme, nous savons que sa transe l'entraîne dans l'amusement, le non engagement dans le but d'éviter la souffrance. Un homme 7 pourra arriver dans une soirée dans l'objectif de dialoguer avec une personne précise et il y a de forte chance que sa transe prenne le dessus par rapport à l'objectif qu'il s'est fixé et qu'il en profite au maximum pour s'amuser et se divertir.

Sa Transe Mère va le faire réagir de façon similaire dans toutes ces situations, en somme elle réactive un Pattern connu et sécurisant.

Les Transes Mères vont être soutenues par des Transes Piliers. Ce second type de transe supporte la Transe Mère pour garder une notion d'équilibre ou en tout cas de cohérence de la personnalité. Si la transe primaire est dépassée et qu'elle buggue, la transe pilier va prendre le relais.

Prenons l'exemple d'une personne qui est dans une Transe de Perfection, si les éléments qu'elle met en place n'apportent pas le résultat escompter, dans un premier temps, elle peut rester dans sa transe primaire et trouver un fautif à l'imperfection, ou éventuellement faire une fixation, voire une obsession.

Admettons que rien n'apporte de solution, il y a de forte chance que la Transe se modifie en Transe de Colère, voire de Déni, et il est possible que la personne cache, ou mette de côté, ce qui est un 'échec' pour ne pas admettre justement que c'est un échec, et il pourra y avoir une excuse du genre : 'Je n'ai pas eu le temps de me pencher dessus', 'Je l'ai perdu', 'C'est complètement stupide comme chose, je n'ai pas de temps à perdre sur cela'.

La Transe Pilier est vraiment un support dès que la zone de confort commence à s'éloigner.

Je suis certain qu'il y a d'autres Transes en lien à la Transe Primaire et Pilier, pour l'instant je ne peux pas donner plus d'éléments sur ce sujet.

Par contre, il y a un autre type de transe, que je nomme Transe Théâtrale. Je trouve que le meilleur exemple peut être pour les personnes qui travaillent par exemple en Magnétisme. Il y a eu tellement de suggestions durant leurs apprentissages, sur les différentes sensations, qu'ils vont pouvoir sentir au moment du contact avec le partenaire, que dès qu'ils touchent une personne, ils activent directement cette transe avec l'ensemble des modalités assimilées et acceptées.

Ce Type de Transe est très courante dans le monde des acteurs qui une fois sur les planches Switchent complètement leur Conscient pour n'être qu'un autre, avec un ensemble d'émotions et de ressentis assimilés.

Ce petit texte pour dire qu'avec cette perception des choses, nous pouvons facilement induire la Transe Mère à nos patients, amis, camarades, quand ces derniers viennent nous voir, en mettant en avant une transe secondaire dissonante.

Prenez une personne qui est sur une Transe Mère d'amour par le don (une base 2) si elle vient pour un problème de confiance en elle. La Transe Dissonante est présente durant votre Anamnèse, il vous suffit de la reconnecter à sa Transe mère, en lui disant que ça vous fait plaisir qu'elle soit aussi claire sur son problème et automatiquement elle va entrer dans cette zone de confort, il vous suffira donc de faire votre séance.

Nous pouvons pour les styles plus provocateurs, les faire entrer dans des transes dissonantes, pour amplifier l'émotion, puis une fois sa transe en place, c'est-à-dire le conscient ne maîtrisant plus, nous réorientons, nous interrompons le schéma.

Il y a de nombreuses choses à aborder à ce sujet, j'y reviendrai plus tard. J'écris ces quelques lignes pour échanger et proposer aussi une possibilité de travailler ce système qu'est l'hypnose hors du cadre très classique que nous pouvons voir.

N'hésitez pas à faire vos commentaires, je ne prétends pas avoir raison, je fais confiance à mes expériences et à ma mise en pratique. Je partage un peu mes réflexions et mes axes actuels de travail.

AUTO HYPNOSE ET ENNÉAGRAMME

Ce papier a pour but de proposer une réflexion sur un travail en auto hypnose. Je me suis basé sur un article précédent que j'ai écrit. http://laboratoire-hypnose.jimdo.com/2013/03/02/r%C3%A9flexion-sur-les-transe-by-pank/

J'ai eu la chance d'être formé aux bases du système ennéagramme par mon ami et professeur Nicolas Depetris. http://www.approchepearl.com/

Comme je le proposais au travers du filtre de cette discipline, nous pouvons constater que nous avons des transes mères et des transes piliers.

Nicolas m'expliquait qu'en plus, nous avons une autre partie de nous, une autre transe que nous prenons quand les deux premières ne gèrent plus les situations, le Darkside de notre être, la transe 'obscure'.

J'exagère la terminologie pour simplement vous faire comprendre que nous sommes soumis à une force parfois plus forte que notre transe mère.

Cette facette sombre de nous est comme un guide caché en notre sein. Elle intervient régulièrement comme solution ultime en cas de perte de repère. Ce qui est amusant c'est que nous tentons tous de l'éviter et paradoxalement cette partie de nous influence sans cesse notre vie.

Pour être plus concret je prends mon cas. Ma transe mère qui me 'sécurise' est un état de 'leader', joli qualificatif pour un homme qui en somme fait tout pour éviter la faiblesse et contrôler au mieux les choses…(moins ragoûtant avouez…)

Ma transe pilier est celle du compétiteur, avancer, faire sans cesse… Exister au travers des actes.

Je vous montre les facettes un peu plus dérangeantes pour que vous puissiez comprendre le travail possible en auto hypnose. La méthode définit également des points forts et lumineux.

Enfin ma transe obscure est celle de Suiveur. En somme un besoin d'intégrer un groupe et d'avoir foi en un concept.

L'intérêt de cet enseignement permet de se rendre compte des différents ancrages de comportements autant positifs que négatifs.

Je suis donc parti depuis février sur une forme d'auto hypnose basée sur l'intégration des ombres de mes transes mère et pilier afin de retrouver ce qui pourrait être un moi, plus en liaison avec mon fonctionnement 'initial'.

Et replonger dans la transe obscure pour en faire un allier et surtout comprendre et accepter son fonctionnement.

A mesure des transes sur des mots clefs, des expériences et des émotions refoulées mais plus que présentes donc influençant des comportements du quotidien, j'ai mis en avant quelques émotions clefs comme étant des signaux.

Nos transes orientent nos perceptions du monde et comme ces transes filtrent, nous ne sommes, par moment, aucunement capable de voir, entendre ou ressentir la moindre chose émise ou produite par une situation ou une personne. Ce qui fait que nous ne comprenons pas, ni n'intégrons ce qu'il y a comme informations émises. Ce sont les niveaux 5-6 d'hallucinations positives ou négatives.

Notre monde est alors tronqué et nous le vivons de façon encore plus réduite que nous le pensons.

En pénétrant dans ces facettes obscures, en les acceptant pour certaines, en les transformant ou même en remontant à leurs origines (même symbolique au travers de régressions par exemple), nous connectons notre être à un signal.

En effet, admettons que je me retrouve dans une situation que je ne contrôle pas (ma transe mère n'apprécie pas et ne trouve pas de solution) le pilier proposant des alternatives non satisfaisantes, ma part obscure me propose de m'aligner et de faire comme l'impose la situation, seulement cette injonction éveille la colère de ma transe mère qui risque de garder une frustration.

Avec l'auto hypnose, la part obscure propose une émotion, comme un signal sans violence et en attente de réponse, comme proposant un scenario émotionnel et se mettant main dans la main avec la transe mère pour compléter sa réaction initiale et permettre une augmentation du panel de solutions 'visibles'.

J'ai trouvé cet aspect intéressant. Et cela c'est encore davantage développé en acceptant l'activation de l'ancre quand une des transes se déclare et oriente mes réactions.

Cela nous fait devenir l'acteur conscient de l'instant avec une intégration sincère de notre 'carte du monde' sans conflit et donc évolutive.

Les transes modifiant alors leurs règles, nous devenons de plus en plus capables de voir, entendre et ressentir ce qui ne pouvait exister avant. Nous nous éveillons d'avantage à nous même et par conséquent à l'autre, au monde au sens le plus large.

Il y a une vraie orientation à prendre en compte dans notre auto hypnose. L'outil que propose l'ennéagramme est des plus stimulants. L'ennéagramme définit des émotions clefs à chaque type de personnalité et donc à nos transes possibles. Pour mon cas, il y a un côté d'excès, et une émotion très forte de vengeance.

Il est amusant de voir, quand une personne me blesse, ma transe mère me propose des scénarios divers pour assouvir ma vengeance et lâcher la colère qui bout en moi. En observant cela, et en attisant même cet aspect en auto hypnose, je peux apaiser ce désir en intégrant et acceptant pendant un certain moment le droit de me venger. Pour moi la planification entraîne la fin du désir.

Cette discipline nous propose donc un vrai travail possible en hypnose, nous permettant de travailler sur des fondamentaux de nous-mêmes, nourris sans cesse par nos expériences de vie.

LES 9 CENTRES DE MOUVEMENT ET L'HYPNOSE

J'ai la chance extraordinaire de faire un séminaire d'**Hypnose Classique Curative** à des apprenants passionnants.

Parmi eux il y a l'excellent Nicolas Depetris et sa femme Jessica. J'ai déjà parlé d'eux dans certains de mes articles et je vous invite une nouvelle fois à découvrir leurs travaux et formations sur : http://www.approchepearl.com/

Ils sont tout deux d'excellents psychopraticiens et travaillent beaucoup avec le système nommé: **Ennéagramme**>> http://www.approchepearl.com/enneagramme /description-enneagramme

Je ne suis qu'un novice dans cette méthode, mes apprenants étant aussi mes professeurs dans leurs disciplines.

Aujourd'hui au sixième jour de formation, après de nombreuses transes, vous le savez tous, nous sommes dans des états plus connectés à nous-mêmes et aux autres.

C'est un moment unique dans lequel, les échanges sont plus fluides, les synchronicités de plus en plus fréquentes, le 'sixième sens' dans un éveil.

Imaginez-vous donc les **connexions plus 'profondes'** que l'on peut faire quand le groupe est de ce niveau.

Alors après divers enseignements, réflexions et échanges, il y a eu comme une porte qui s'est ouverte.

Pour l'instant elle n'est qu'entre ouverte et le papier que j'écris ce soir est une pensée à chaud. Un commencement qui peut-être mènera quelque part, peut-être s'endormira.

Reprenons ma conception de l'Hypnose.

Nous sommes **tout le temps dans des Transes,** toutes les liaisons émotionnelles, tous les focus internes, tous les retours dans nos mémoires, nous entraînent dans une liaison de communication plus 'directe' entre le Subconscient et le Conscient.

Je fonctionne sur le principe que **nous ne sommes jamais en état conscient,** comme on le définit de façon générale en Hypnose, mais plutôt que nous avons des formes de **fulgurance vers le conscient**, des prises de conscience.

J'ai la croyance que nous vivons dans des Transes Mères, des Transes Piliers et des Transes d'évitements (Le concept est en cours de mûrissement) qui en fonction de différents critères se rapportent à **trois centres : Instinctif, Émotionnel ou Mental.**

Le travail d'un pratiquant d'Hypnose ou plus généralement de relation d'aide est **de faire passer d'une transe à une autre,** au travers d'une latence, d'une liaison 'thérapeutique'.

Je développerai tout cela au travers de futurs articles.
Aujourd'hui ce que je souhaiterais mettre en avant est un lien entre deux concepts très intéressants.

Nous entrons dans des transes diverses dans la journée, pour les plus habitués d'entre vous, vous travaillez en auto hypnose. Vous **reconnectez le conscient et le subconscient,** ou inversement. Vous **retrouvez une unité de l'être** et donc des accès vers des choses qui vous permettront d'avancer, de transformer ou d'évoluer sur différents sujets.

En Ennéagramme, vous découvrirez un système qui présente la construction psychologique et celle des personnalités au travers des trois centres que nous avons vu précédemment qui développent, chacun d'eux, trois types de personnalités avec des énergies spécifiques. En effet **l'énergie peut se propager vers l'extérieur, vers l'intérieur ou se neutraliser.**

Au total vous apprendrez à découvrir 9 types de personnalités, qui se lient à des centres d'énergie. Si vous connaissez l'excellent travail de Frédéric Vincent avec son Zéro Mental, il souligne **l'importance du centrage** dans nos recherches thérapeutiques et spirituelles. J'adhère pleinement à ses réflexions, étant issu des arts martiaux et du monde énergétique c'est à mes yeux **une clef du succès** pour le monde de l'aide et de nos évolutions personnelles.

Pour l'Ennéagramme chaque type de personnalité a **un point de centrage énergétique spécifique.** Dans les arts internes des chinois et japonais, on parle souvent d'un centre qui se situe dans le Hara / Tandiem. Il se trouve à un pouce sous le nombril. Cela sous-entend que nous sommes tous les mêmes et donc que nous avons un seul moyen de nous centrer.

Dans les centres de mouvement de l'Ennéagramme, il y a 9 centres qui équilibrent et permettent l'unité, la présence et … la transe mère.

Chaque personnalité a un point initial et une fois que nous portons l'intention vers ce point, nous entrons dans une transe particulièrement connectée. Physiquement c'est vérifiable immédiatement, en effet si vous faite le test de l'anneau de fer, il est impossible de l'ouvrir, si vous poussez la personne, il faudra une force énorme alors que d'ordinaire c'est simple.

Ce centre représente **le 'point initial' de nous même**, j'émettrais l'idée qu'il est le programme primaire de notre être, **les fondements de notre première transe de vie**. Ce qui implique que plus nous nous connectons à celui-ci et plus **nous retrouvons notre moi initial,** celui que mes amis du zen découvrent dans leurs pratiques.

La mise en relation entre ces centres et la transe qu'elle provoque, à un niveau plus intense que beaucoup d'autres qui sont 'construites' en induction, permet à n'importe qui d'entrer dans un état d'**auto hypnose parfaitement 'adapté' à chacun**. Après, il suffit de jouer avec des auto suggestions, qui offriront un impact plus fort étant **'injectées' dans la matrice initiale...**

Je vais tester ces centres dans mon quotidien et dans mes séances, je vous donnerai un feed back rapidement, et d'après un essai avec ce principe, la capacité du partenaire à descendre dans les H-Ultras est comme démultipliée...

RETOURS SUR LES CENTRES TRANSE MÈRE EN SÉANCES

Voici une quinzaine de jour que j'expérimente le principe dont je vous ai fait une introduction dans un article passé, les points de centrage. http://laboratoire-hypnose.com/2013/08/05/les-9-centres-de-mouvement-et-lhypnose/

Vous trouverez des vidéos sur les aspects et phénomènes physiques des Transes que ce centrage met naturellement en place.

Je reprends les observations actuelles :

- Selon le principe de l'Ennéagramme (http://www.approchepearl.com) nous pouvons 'typer' 9 grandes familles de caractères fondées sur 3 centres : Mental, Instinctif et Émotionnel.

- A chaque type est liée une transe qui est plus ou moins harmonieuse et harmonisée.

- Chacune des Transes, une fois admise, travaillée et comprise nous permet de travailler sur nous même avec une cartographie, nous ouvrant à une mue de nous-mêmes.

- Chacune de ces Transes 'Mères' est complétée par une Transe Pilier, qui intervient quand la réponse de la transe première n'est plus viable dans une situation, et une Transe d'évitement (Darkside) qui devient la dernière solution subconsciente à la réaction d'une problématique non gérée par les deux autres centres.

– Les Transes Mères ont chacune un point 'énergétique' de centrage, qui nous permet d'entrer dans la Transe 'Harmonie' de notre être. Plus simplement l'état le plus parfait de notre Transe Mère.

- Quand nous centrons notre attention sur ce centre, nous entrons automatiquement dans une transe intense avec des phénomènes 'hypnotiques' vérifiables :

1) Catalepsie Mineure et Majeure
2) Réponse instantanée aux auto suggestions
3) Analgésie voire Anesthésie.
Cela reviendrait à un niveau Somnambulique.

Je vous laisse regarder les vidéos à ce sujet sur mon compte youtube : Hype-N-Ose.

- Cette capacité à nous centrer vers notre 'Transe Harmonie', nous permet de rentrer dans un état de force intérieure extrêmement intense. Nous sommes également dans une capacité de dialogue très proche de profondes auto-hypnoses.

Dans le cadre du cabinet, j'ai pu mettre en place plusieurs process. Pour le cas d'un acouphène de plusieurs années, le client a seulement dû se centrer vers le point de son ennéatype. A ce moment là, il s'est connecté à sa Transe Harmonie et a simplement suggéré l'arrêt de la gêne. Ce qui s'est fait dans la minute.

Comme je donne les clefs de fonctionnement de ce point, il peut l'utiliser après sur différents sujets et si éventuellement le problème revenait il peut le retirer en quelques instants.

Pour les mises en H-Ultras, le fait de les faire se centrer les met déjà dans une profondeur importante, et la plupart en quelques minutes arrivent à un état ultra avec très peu de suggestions.

En plus du modèle Ennéagramme, très bien construit sur les intégrations et désintégrations, la sémantique est plus adaptée à ce qu'il peut entendre et comprendre.

Le faire toujours focusser sur ce point permet une ouverture extraordinaire aux suggestions et même pour les patients plus analytiques, qui prennent un véritable envol mental au départ pour se reconnecter à un tout (Émotionnel et Instinctif).

Maintenant d'un point de vue plus personnel. J'ai lié tous mes travaux de méditations, auto Hypnose et arts martiaux, à cela.

J'ai constaté que si je liais ma Transe Harmonie à ma Transe d'évitement, mon subconscient me donnait de nombreuses pistes dans mon auto hypnose et je pouvais travailler sur un transfert de suggestion d'un centre à un autre. Ce qui devient intéressant c'est la sensation de retour sur une unité assez profonde.

Pour se booster, la connexion de la Transe Harmonie à la Transe Pilier entraîne, une énergie motrice et un état d'esprit très dynamique, voire trop, à éviter le soir parce qu'après on dort très peu…

Sur des symptômes physiques : Remontées acides, en 2 minutes, avec un centrage et une suggestion elles disparaissent. Pour une fringale émotionnelle, c'est à peu près la même chose.

Pour les douleurs qui datent de blessures anciennes et qui peuvent être récurrentes, en quelques séances Auto Hypnose Harmonie, les maux ont quasiment disparus.

Liste de Praticiens Hype-N-Ose

Nom : Cecile Noll
Ville : Férolles Attilly (77)
Contact : 06-09-79-62-28

Nom : Kerstine Koppers (Certifiée HnO)
Ville : Montigny le Bretonneux (78)
Contact : 06-62-83-32-83

Nom : Django Gassama
Ville : Lognes (77)
Site Web : http://coach-in-mental.jimdo.com
Contact : 06-89-10-92-46

Nom : Jimmy Huvet
Ville : Paris (75)
Site Web : http://hypnotherapie-coaching.vpweb.fr
Contact : 06-03-34-82-68

Nom: Irène Cazanave (Certifiée HnO)
Ville : Paris (75)
Site Web : www.lemondetvous.net
Contact : 06-34-20-21-56

Nom : Christophe Pank (Certifié HnO)
Ville : Le Chesnay (78)
Site Web : www.delta-bien-etre.com
Contact : 06-62-30-45-17

Nom : Elodie Cassar (Certifiée HnO)
Ville : Senlis (60)

Site Web : http://ose-vous.e-monsite.com
Contact : 06-522-502-95

Nom : Js Op De Beeck (Certifié HnO)
Ville : Bruxelles, Belgique
Site Web : www.tb-hc.org
Contact : js.opdebeeck@gmail.com

Nom : Caroline Lavenant
Ville : Montpellier (34)
Site Web :http://solution-hypnose.com
Contact : lavenantcaroline@gmail.com

Nom : Pierre Yves Hamel (Certifié HnO)
Ville : Jouars Ponchartrain (78)
Contact : pyroeclips@hotmail.com

Les Instituts de Formations en France

Hypnovision et Hypnose Avancée NGH :
Mme Lee Pascoe
Enseignement : Méthode Silva/ Hypnose et beaucoup de méthodes complémentaires

Téléphone : 02-32-34-45-42
Mail : lee@hypnovision.net
Site Internet : http://www.hypnovision.net/

Hype-N-Ose :
Enseignement : Hypnose Classique Curative/ PNL/ Street Hypnosis

Téléphone : 06-62-30-45-17

Mail : hype.ose@gmail.com
Site Internet : http://www.hype-n-ose.com

IFHE :
Enseignement : Hypnose Ericksonienne/ Hypnose Humaniste

Téléphone : 01-43-06-00-00
Mail:contact@ifhe.net
Site Internet : www.hypnose-ericksonienne.com

ARCHE :
Enseignement : Hypnose Ericksonienne/ PNL/ EFT

Téléphone : 01-53-16-32-75
Mail: info@arche-hypnose.com
Site Internet : www.arche-hypnose.com

Phenix Institut :
Enseignement : Hypnose/ PNL

Téléphone : 04-93-69-97-10
Site Internet : www.phenixinstitut.com

Ecole Centrale d'Hypnose :
Enseignement : Hypnose Ericksonienne

Téléphone : 01-40-33-01-14
Site Internet : www.ecole-centrale-hypnose.fr

HypnoContact :
Enseignement : Hypnose/ PNL/ Auto-Hypnose

Téléphone : 06-12-57-33-91

Du même Auteur Chez HnO Edition :

Hypnose Classique Curative / 'Je pouvais mais Je n'avais pas envie' :

Vous êtes tous des hypnotiseurs depuis votre naissance. Que ce soit dans vos relations familiales, amoureuses... Nous sommes constamment dans des rapports hypnotiques. Ce superbe outil n'est pas la panacée de certains "élus". Vous êtes capables de comprendre et d'appliquer l'hypnose au quotidien dans votre vie, très rapidement. Ce livre vous présente un autre chemin de découverte et de compréhension de ce qu'est l'hypnose.

Bases Simple de l'Auto Hypnose / 'Je Veux et Je Peux' :

L'Auto Hypnose est un outil puissant qui est à la portée de tous. Vous êtes possesseur d'une capacité exceptionnelle pour changer votre vie et atteindre vos objectifs. Mettez en place votre programme personnel pour devenir acteur de votre vie. L'Hypnose VOUS appartient.

Hypnose et Régressions / 'Cette Vie Avant' :

Depuis l'émergence des méthodes issues du Nouvel Age, les méthodes et protocoles se sont développés pour faire découvrir les vies antérieures. Le monde de l'Hypnose a également mis en place des techniques de régressions dans l'optique de découvrir l'origine de comportements pour leurs consultants.

Il faut l'admettre, pour de nombreuses personnes, cela relève de la sorcellerie et autres pensées "païennes", dans l'expression moderne de la science. Dans le cadre de l'Hypnose et de nombreuses thérapies brèves, il est courant que le praticien en vienne à travailler sur cet aspect. Cette démarche est rarement 'métaphysique' et la recherche est plutôt de laisser le subconscient, qui enregistre tout depuis notre naissance, retrouver des éléments importants d'un traumatisme.

Découvrez l'Hypnose Urbaine (Hypnose de Rue):

Cet ouvrage a pour but de vous faire découvrir une facette de l'hypnose qui n'est pas mise en avant dans nos médias. L'Hypnose Urbaine, une hypnose qui va au contact des passants dans la rue...

Hypnose et Esotérisme / 'Si tout n'était qu'une suggestion' :

Ne vous êtes-vous jamais demandé comment les médiums et les magnétiseurs font ? Est-ce que c'est une réalité ? Comment pourrait-on expliquer cela ? Dans ce livre vous verrez une explication 'possible' des phénomènes, expliquée par le filtre de l'Hypnose.

Hypnose sur les Enfants / 'Comme un jeu d'Enfant :

Les enfants ont aussi leurs troubles et problèmes. L'Hypnose est un outil extraordinaire pour leur permettre de transformer leurs maux dans une dynamique ludique.

Les Bases de la Loi d'Attraction :
Voici un ouvrage de base pour commencer à découvrir la Loi de l'Attraction.

Disponible sur Amazon et sur le Site d'Auto Edition Lulu.com